COMO SER UM PAI FEMINISTA

JORDAN SHAPIRO, PhD

COMO SER UM PAI FEMINISTA

Tradução de Marcia Men

Prefácio de Piangers

Editora Melhoramentos

Dados Internacionais de Catalogação na Publicação (CIP)
(Câmara Brasileira do Livro, SP, Brasil)

Shapiro, Jordan
    Como ser um pai feminista / Jordan Shapiro; tradução de Marcia Men; prefácio Marcos Piangers. – 1. ed. – São Paulo: Editora Melhoramentos, 2021.

Título original: Father figure
ISBN 978-65-5539-347-7

1. Feminismo - Aspectos sociais 2. Filhos - Criação 3. Masculinidade 4. Pais 5. Pais e filhos - Relacionamento 6. Parentalidade I. Men, Marcia. II. Piangers, Marcos. III. Título.

21-80636   CDD-306.8742

Índices para catálogo sistemático:
1. Parentalidade: Sociologia 306.8742

Maria Alice Ferreira – Bibliotecária – CRB-8/7964

Título original: *Father Figure: How to Be a Feminist Dad*
Copyright © 2021 Jordan Shapiro
Esta edição foi publicada originalmente pela Little, Brown and Company, New York, NY, USA. Todos os direitos reservados.
Direitos desta edição negociados pela Agência Literária Riff Ltda.

Tradução de © Marcia Men
Preparação de texto: Maria Isabel Ferrazoli
Revisão: Sandra Pina e Guilherme Kroll
Capa: Editora Melhoramentos
Projeto gráfico e diagramação: Carla Almeida Freire

Direitos de publicação:
© 2021 Editora Melhoramentos Ltda.
Todos os direitos reservados.

1.ª edição, novembro de 2021
ISBN: 978-65-5539-347-7

Atendimento ao consumidor:
Caixa Postal 729 – CEP 01031-970
São Paulo – SP – Brasil
Tel.: (11) 3874-0880
sac@melhoramentos.com.br
www.editoramelhoramentos.com.br

Impresso no Brasil

*Dedicado a Angie Murimirwa, Lydia Wilbard,
Lucy Lake e a todos os membros da
Associação* CAMFED; *vocês me ensinaram
que não há nada de idealista ou ingênuo
em acreditar no poder restaurador de uma
liderança participativa e emergente.*

SUMÁRIO

9 PREFÁCIO A noção radical de que a mudança começa em nós mesmos, por *Piangers*

17 INTRODUÇÃO O dilema do pai
31 PARTE UM Em nome do pai
68 PARTE DOIS Nosso pai, nosso rei
110 PARTE TRÊS Quem é o papai?
147 PARTE QUATRO Como ser um pai feminista
184 CONCLUSÃO Figura paterna em progresso

187 AGRADECIMENTOS
191 LIVROS E ARTIGOS CONSULTADOS
205 NOTAS

PREFÁCIO

A NOÇÃO RADICAL DE QUE A MUDANÇA COMEÇA EM NÓS MESMOS

Piangers

Minha filha devia ter uns oito anos quando começou a questionar algumas coisas ao nosso redor. "Por que as bonecas falam 'mamãe', mas nunca falam 'papai'? Por que não posso me vestir de azul? Por que o trocador de fraldas está sempre no banheiro das mulheres? Por que no semáforo de pedestres o boneco é sempre um homem?", esse tipo de coisa. No começo, eu não sabia o que responder. Não tinha as respostas para essas perguntas. Eu nunca tinha nem pensado nelas! Logo percebi que parte da minha paternidade seria abrir meus olhos para questões sobre as quais, antes das minhas filhas chegarem, eu nunca havia refletido.

Contudo, por muito tempo não me considerei feminista. O feminismo parecia um conceito muito político ou radical. Por anos, não entendi o que as mulheres queriam com protestos e discursos.

Por muito tempo fiz piadas ou comentários que diminuíam as mulheres e reforçavam estereótipos: a mulher que dirige mal, a loira burra, a namorada interesseira, a esposa louca, a colega de trabalho sem estabilidade emocional. Minha esposa me alertava sobre esses equívocos. Nossas filhas sofreriam todos os preconceitos que eu reforçava, ela dizia. Ser respeitoso com as mulheres não era apenas a coisa certa eticamente: era a coisa certa como pai, marido e filho de uma mãe solo.

A paternidade oferece para o homem a maior chance de sua vida: se transformar através do amor. A convivência com minhas duas filhas me abriu os olhos para uma série de diferenças entre os gêneros, e suas consequências terríveis. Fui, aos poucos, entendendo o que significava ser um pai feminista: um aliado das minhas filhas na luta delas por respeito. Lamento ter me preocupado com tais questões apenas depois de ter filhas meninas. Não amo minha mãe? Não quero um mundo mais respeitoso com minha esposa? Por que, então, só depois da paternidade percebi a urgência dessas questões? Se tivesse filhos homens, seria machista até hoje? Não me sensibilizaria com a violência que sofrem as mulheres todos os dias? São perguntas que me faço e que me ajudam a questionar ainda hoje o quão feminista sou. Sei que sou machista, estruturalmente, mas quero ser um aliado feminista cada vez mais consciente.

Acredito que a palavra "feminista", inclusive na capa deste livro, pode causar arrepios na espinha de alguns homens. O termo foi difamado de tantas maneiras, como se fosse um movimento baseado no ressentimento e na misandria (ódio contra homens). Portanto, um pai amoroso e esforçado para educar os filhos no caminho da gentileza e da igualdade pode se perguntar: qual a lógica de apoiar um discurso que busca enfraquecer os afetos familiares?

É necessário, então, explicar o que o feminismo não é. O feminismo não é um movimento contra a família, nem contra a configuração da família tradicional. O feminismo não é um machismo ao contrário. O feminismo não é um movimento anti-homem, nem baseado no ódio contra o homem. O feminismo não é um movimento formado apenas por mulheres "mal-amadas" e "pouco femininas". O feminismo não quer que os homens sejam exterminados, calados ou diminuídos na sua masculinidade. O feminismo não é um movimento violento – certamente, não mais violento do que os absurdos que sofrem as mulheres há séculos. E lembre-se: são nossas filhas, nossas mães, nossas esposas, nossas irmãs, nossas amigas sofrendo as consequências de um machismo estrutural que vem de muito, muito tempo.

Neste importante livro, Jordan Shapiro conta a história da formação desta estrutura que afasta os homens de suas responsabilidades, suas sensibilidades e, consequentemente, de suas famílias. Este livro nos conduz por histórias pessoais muito ilustrativas do autor, pai divorciado, e por uma vasta bibliografia de referências que passa pela *Bíblia* e por Ronald Reagan, Joseph Campbell, *Os Simpsons*, Freud, *Star Wars*, irmãos Grimm, mitologia grega e assim por diante, e nos ajuda a entender como chegamos até aqui. E o melhor: como podemos quebrar ciclos destrutivos e reconstruir vínculos afetivos familiares não baseados no medo, no controle ou na possessividade, mas no amor.

A escritora Marie Sheer uma vez disse: "o feminismo é a noção radical de que as mulheres são pessoas"[1]. Essa é minha definição favorita. É impactante porque, ao mesmo tempo que

---

1 A frase foi dita em um artigo de Sheer publicado no jornal *New Directions for Women*, em 1986, no qual ela fazia uma avaliação de *A Feminist Dictionary* ("Dicionário feminista", em tradução livre), de Cheris Kramarae e Paula A. Treichler.

é simples, nos assombra ao lembrar como tratamos as mulheres. Como se não fossem gente.

Além das piadas, dos comentários, das atitudes do dia a dia e das músicas que diminuem as mulheres, existe a violência. O Brasil está entre os cinco países do mundo com maior número de agressões contra a mulher, segundo ranking da Organização das Nações Unidas (ONU)[2]. Uma a cada quatro mulheres brasileiras sofreram violência em 2021, segundo o Fórum Brasileiro de Segurança Pública. A cada minuto, oito mulheres são agredidas fisicamente[3]. Apenas esses números já deveriam sensibilizar os homens. Mas ainda temos a questão do abandono.

Temos, no Brasil, 11 milhões de mães sozinhas, 23% das famílias com filhos[4]. Pesquisa da Fundação Getúlio Vargas (FGV) apontou que 42,9% dos partos realizados no Sistema Único de Saúde (SUS) são de mães solteiras[5]. Mulheres recebem, em média, salários menores do que os dos homens[6]. Mulheres fazem,

---

[2] Waiselfisz, Julio Jacobo. *Mapa da violência 2015: homicídio de mulheres no Brasil*. Brasília, DF: ONU Mulheres/Opas-OMS/Secretaria Especial de Políticas para as Mulheres/Flacso, 2015. Disponível em: http://www.onumulheres.org.br/wp-content/uploads/2016/04/MapaViolencia_2015_mulheres.pdf. Acessado em: 23 set. 2021.
[3] Para conferir mais informações sobre o panorama, ver matéria de Paula Paiva Paulo no *G1*. Disponível em: https://g1.globo.com/sp/sao-paulo/noticia/2021/06/07/1-em-cada-4-mulheres-foi-vitima-de-algum-tipo-de-violencia-na-pandemia-no-brasil-diz-datafolha.ghtml. Acessado em: 23 set. 2021.
[4] O assunto foi alvo de uma matéria do *Fantástico*, exibida em maio de 2020. Disponível em: https://g1.globo.com/fantastico/noticia/2020/05/10/dia-das-maes-a-vida-das-11-milhoes-de-brasileiras-que-criam-os-filhos-sozinhas.ghtml. Acessado em: 23 set. 2021.
[5] A pesquisa traz outros dados interessantes, que podem ser consultados em: http://dapp.fgv.br/rio-de-janeiro-e-segunda-capital-com-maior-proporcao-de-maes-que-se-declaram-solteiras-no-momento-parto/. Acessado em: 23 set. 2021.
[6] Sobre o assunto, conferir matéria de Mylena Guedes, exibida pela CNN Brasil em março de 2021. Disponível em: https://www.cnnbrasil.com.br/business/mulheres-ganham-77-7-dos-salarios-dos-homens-no-brasil-diz-ibge/. Acessado em: 23 set. 2021.

em média, o dobro de horas de trabalho doméstico do que os homens[7]. Quase metade dos lares brasileiros são sustentados por mulheres, desafiando a ideia de homens como provedores do lar[8]. As mulheres, portanto, fazem uma jornada contínua de trabalho, pagando contas e cuidando da casa. Além disso, a responsabilidade de cuidar dos filhos é culturalmente das mulheres. No Brasil, temos 5,5 milhões de crianças sem o nome do pai na certidão de nascimento[9]. Para 26% dos brasileiros, um homem que fica em casa para cuidar dos filhos "é menos homem"[10]. Lembro de estar com minha filha no colo, certa vez, e meus amigos me perguntarem se eu estava de "babá".

Mais dados da pesquisa podem ser encontrados no site do IBGE. Disponível em: https://agenciadenoticias.ibge.gov.br/agencia-noticias/2012-agencia-de-noticias/noticias/27598-homens-ganharam-quase-30-a-mais-que-as-mulheres-em-2019. Acessado em: 23 set. 2021.

7 O dado também é do IBGE. Disponível em: https://agenciadenoticias.ibge.gov.br/agencia-sala-de-imprensa/2013-agencia-de-noticias/releases/27877-em-media-mulheres-dedicam-10-4-horas-por-semana-a-mais-que-os-homens-aos-afazeres-domesticos-ou-ao-cuidado-de-pessoas. Acessado em: 23 set. 2021.

8 O levantamento foi feito pela pesquisadora Ana Tereza Pires, da consultoria IDados, e está disponível em: https://idados.id/mulheres-chefes-de-familia/. Acessado em: 23 set. 2021. Ver também a matéria de Marina Barbosa e André Phelipe, publicada em 16 fev. 2020 no jornal *Estado de Minas*. Disponível em: https://www.em.com.br/app/noticia/economia/2020/02/16/internas_economia,1122167/amp.html. Acessado em: 23 set. 2021.

9 A informação é de agosto de 2015 e foi divulgada no portal *Jusbrasil*, do Conselho Nacional de Justiça. Disponível em: https://cnj.jusbrasil.com.br/noticias/217338817/programa-pai-presente-completa-cinco-anos-e-se-consolida-no-pais. Acessado em: 23 set. 2021. Ver, ainda, a nota do Instituto Brasileiro de Direito de Família, disponível em: https://ibdfam.org.br/noticias/7024/Paternidade+responsável:+mais+de+5,5+milhões+de+crianças+brasileiras+não+têm+o+nome+do+pai+na+certidão+de+nascimento. Acessado em: 23 set. 2021.

10 Esse dado está presente no estudo *Global Advisor: paternidade ativa*, publicado pela Ipsos em 2019. Confira outras descobertas do mesmo relatório em: https://www.ipsos.com/pt-br/global-advisor-paternidade-ativa. Acessado em: 23 set. 2021.

Meu convite para todos os homens é: leiam este livro com o coração aberto. Mesmo que o termo "feminista" esteja um tanto contaminado com difamações, foi o feminismo que lutou e continua lutando para que nossas meninas possam estudar, dirigir, votar, falar em público, entrar em universidades, participarem da política, vestirem-se como quiserem, desempenharem profissões que consideram interessantes e serem justamente remuneradas por isso. É o feminismo que luta contra agressões domésticas, abusos contra crianças, assédios em locais de trabalho, estupros e perseguição de vítimas de estupro, dentre tantas outras lutas. Se você não considera isso feminismo, e sim humanismo, ótimo. Dê o nome que quiser. Substitua "pai feminista" neste livro por "pai humanista", "pai virtuoso", "pai valoroso", "pai amoroso", tanto faz. Desde que o resultado seja o mesmo: acabar com o sexismo, a exploração sexista e a opressão.

Você tem em mãos um livro que tem o potencial para torná-lo não apenas um pai melhor, mas um homem melhor. Se, depois da leitura, você perceber que está mais conectado com os filhos, mais feliz no casamento, com melhores amizades e mais consciente em seus comentários, não será uma coincidência. Você já terá errado muito menos do que eu. Saberá o que responder quando sua filha ou filho perguntar por que o mundo é tão machista. E poderá apontar a direção da mudança.

Marcos Piangers é apresentador, palestrante e escritor, abordando assuntos como tecnologia e inovação, criatividade e paternidade. É autor da série de livros best-seller *O papai é pop*.

Ele não estava errado, é claro, mas se juntou a todos os homens brancos "iluminados" que reconheceram seus privilégios – por exemplo, "posso ser melhor que isso, que apenas bancar o ignorante e ficar na defensiva por causa do meu lugar no mundo". Não importa que essa capacidade de se distanciar do comportamento do homem branco dominante seja o privilégio. Não há como fugir do reino, do poder e da glória.

— CLAUDIA RANKINE

INTRODUÇÃO

O DILEMA DO PAI

SEGUNDA-FEIRA, *7 de janeiro de 2019, 7h35 da manhã*: abri meus olhos em um quarto de hotel em Nashville. Estava cansado por ter exagerado um pouquinho no frango apimentado e na música country na noite anterior. Eu queria voltar a dormir, mas meu telefone persistia em vibrar na mesa de cabeceira. Mensagens de texto de minha mãe: "Feliz em ver seu livro no *Wall Street Journal*. Mas não gostei da resenha. Foi maldosa". Li as mensagens de minha mãe em voz alta para minha companheira, Amanda, deitada na cama ao meu lado, conferindo suas próprias notificações matinais. Ela recebeu uma mensagem similar de sua irmã sobre o mesmo artigo.

Meu livro, *The New Childhood: Raising Kids to Thrive in a Connected World**, fora publicado na semana anterior, e eu estava em Nashville para promovê-lo. Fizemos disso um passeio de

---
* Em tradução livre, "A nova infância: criando os filhos para prosperar em um mundo conectado". (N. do E.)

fim de semana, viajando com amigos da Dinamarca que queriam conhecer a "Cidade da Música" antes que seus vistos de trabalho vencessem. Planejávamos encontrar os dinamarqueses para comer pãezinhos, frango frito e molho de linguiça no Monell – sem dúvida, o melhor café da manhã dos Estados Unidos – dentro de algumas horas, só que agora eu precisava ler o jornal!

Amanda e eu nos vestimos rapidamente e pegamos o elevador até o saguão. O hotel Noelle é um exemplo perfeito de arquitetura Art Déco dos anos 1930, com tetos superaltos, janelas em arco, interruptores de latão polido e paredes rosas e lustrosas de mármore do Tennessee. Fica perto do Beco da Impressão, um distrito histórico que foi um dia lar de dois jornais, dez gráficas e treze editoras – um bom lugar para ficar se você é um escritor nerd interessado em história. Encontramos exemplares do *Wall Street Journal* perto da máquina de *espresso*, no balcão do café *hipster*, e nos sentamos para ler em um dos enormes sofás azuis.

A princípio fiquei empolgado quando folheamos a página de resenhas e vi a capa do meu livro, foto colorida, no topo do canto esquerdo. Esse é o tipo de localização que os autores desejam. Mas aí li a resenha. A primeira frase dizia: "Quando Jordan Shapiro e sua esposa se separaram vários anos atrás, seus filhos tinham 4 e 6 anos". A autora inicia com meu divórcio e nos parágrafos seguintes fez tudo o que pôde para me enquadrar no papel de pai permissivo, cuca fresca e preguiçoso. Desqualificando meu argumento a favor dos videogames como forma de juntar a família, ela escreveu: "Ele ficava bem feliz em fazer a vontade dos filhos, ainda que a mãe, aparentemente, não ficasse". Só para deixar registrado, nem meus filhos nem minha ex-esposa entenderam de onde essa jornalista tirou a ideia de que temos uma relação tensa de coparentalidade. Não temos, mas esse não é o ponto. O problema real é a insinuação de que um pai divorciado não pode entender muito sobre ser pai. Meu doutorado em psicologia profunda, assim como todas as minhas credenciais como especialista reconhecido em desenvolvimento e educação infantil foram considerados completamente irrelevantes pela autora do artigo. Tudo porque ela acreditava que um bom pai deveria ser o líder de uma família heterossexual tradicional.

Não sou Ward Cleaver (da série *Foi sem querer*), Phil Dunphy (*Família moderna*) ou Howard Cunningham (*Happy Days*). Não sou nem Mike Brady (*A família Brady*). Sou um pai solteiro dividindo a custódia de meus filhos. Aparentemente, muitas pessoas pensam que vivo em alguma cobertura luxuosa, onde toco música alta em minhas caixas acústicas de alta potência e onde crianças não têm limites. Enquanto eu viajava pelos Estados Unidos promovendo um livro sobre paternidade, descobri que muita gente conclui de imediato que eu não sei o que é bom para meus filhos porque sou divorciado. Esse preconceito me machucou bastante. Eu passei anos escrevendo artigos, colunas e um livro cheio de histórias pessoais sobre minha experiência como pai. Paternidade estava no cerne da minha identidade. Meu relacionamento com meus filhos não só definiu minha carreira, mas também moldou meu próprio senso de valor. Antes de qualquer coisa, eu me enxergava como uma figura paterna. E nunca me ocorreu que ser divorciado poderia, logo de cara, me excluir do entendimento cultural predominante do que significa ser um bom pai.

Ao longo do ano seguinte, a maior parte das resenhas recebidas sobre o livro foram ótimas, mas o estigma de pai divorciado estava sempre presente. Eu comecei a ver isso em todo lugar: na cultura popular e nos dois lados do espectro político. Por exemplo, em abril de 2019, Michelle Obama disse num discurso em Londres: "Às vezes você passa os finais de semana com o pai divorciado, e parece divertido, mas daí enjoa". A ex-primeira-dama estava criticando Donald Trump. "É por essa causa que os Estados Unidos estão passando por isso. Estamos meio que morando com o pai divorciado neste momento." Fiquei chocado com o fato de ela desmerecer de forma tão desagradável milhões de pais solo que estão tentando fazer o melhor para os filhos.

De acordo com o Centro de Pesquisa Pew*, "a parcela de pais solo aumentou mais que o dobro nos últimos cinquenta anos. Agora, em 29% das famílias com apenas um progenitor residindo com os filhos, o progenitor é o pai, comparado a apenas 12% em 1968". E pesquisas sobre a influência do gênero de cuidadores solo continuam inconclusivas, talvez porque seja muito difícil estabelecer critérios abrangentes. Por exemplo, em se tratando de desempenho acadêmico, nos Estados Unidos, filhos de pais solo tendem a ter melhores notas e têm uma taxa maior de graduação do ensino médio, enquanto os de mães solo tendem a aderir a rotinas chamadas de mais tradicionais, como jantar em família. Um conjunto de desfechos não é necessariamente melhor que o outro. O que pesquisadores podem afirmar com certeza é que crianças têm mais chances de florescer em lares com pais amorosos, solidários e dedicados – sejam eles solo ou casados; homens, mulheres, ou não binários. Não há evidências que lares disfuncionais liderados por mulheres sejam melhores do que lares disfuncionais liderados por homens, tampouco que identidade de gênero ou estado civil tenha qualquer correspondência com disfunção. Mesmo assim, os estigmas persistem porque estadunidenses levam seus "valores familiares" muito a sério. De acordo com a historiadora Stephanie Coontz,

---

* O Pew Research Center (PRC) é um *think tank*, ou seja, um centro de pesquisa, localizado em Washington, D.C., que fornece informações sobre questões, atitudes e tendências que estão moldando os Estados Unidos e o mundo. O PRC e seus projetos recebem verba do Pew Charitable Trusts. (N. do E.)

Teddy Roosevelt foi o primeiro presidente a avisar aos cidadãos americanos que: "O futuro da nação dependia do 'tipo certo de vida familiar'". Quase um século depois, Ronald Reagan somou sua voz a muitas outras, dizendo que "famílias fortes são a base da sociedade".[1] Mas qual é o tipo certo de vida familiar? O que é uma família forte? Isso não está claro.

Como explicarei neste livro, a família nuclear como a imaginamos, com certas expectativas de gênero para pais e mães, não é essencial nem tradicional. É apenas um produto da Era Industrial. Hoje, as normas dominantes sobre trabalho, economia e gênero estão todas em transição; entretanto, muito do que pensamos sobre valores familiares – estabelecidos para reforçar a visão de mundo de uma era tecnológica ultrapassada – continua igual. Teimosos, resistimos em atualizar nosso entendimento de vida familiar, embora saibamos que seja irreal esperar que o mundo mude sem perturbar todo o resto. A família vai mudar. É inevitável. E já está mudando, mas a maioria dos pais está despreparada para lidar com isso. Eles estão apegados a crenças antigas que já não fornecem uma base adequada na qual se possa construir narrativas significativas de identidade. As crianças provavelmente vão ficar bem, mas seus pais passarão por uma surpresa desagradável.

Este livro é específico para os pais e sobre paternidade. Ele lida com a forma como imagens e suposições populares sobre figuras paternas estão entrelaçadas com atitudes problemáticas em relação a gênero, sexo, poder, autoridade, comportamentos agressivos e heteronormativos. Ideias equivocadas sobre pais estão embutidas em nossas crenças tidas como certas sobre desenvolvimento infantil, vida adulta e sucesso profissional. Elas moldam até nossa compreensão primária sobre psicologia individual. Essas ideias podem ter sido úteis antes, mas no mundo atual mais atrapalham do que ajudam. Portanto, nas páginas a seguir, identificarei algumas dessas narrativas problemáticas sobre paternidade. Também vou oferecer imagens inspiradoras de um novo tipo de figura paterna – menos paternalista, menos dominante, e não necessariamente masculina.

Este livro também pode ser visto como um kit de primeiros socorros para pais que sentem como se tivessem sido feridos, enquanto tentam conciliar suas expectativas sobre paternidade e sobre a própria identidade de homens maduros numa cultura que está, de maneira ativa, abandonando velhas inclinações patriarcais. Muitos homens hoje se veem paralisados enquanto enfrentam mensagens conflitantes. Mergulhar de cabeça no feminismo parece trair o conceito clássico de ser um "bom pai". Botar todas as fichas na ideia habitual de bom pai sem dúvida trai o feminismo. Mesmo aqueles que fazem esforços valiosos para mediar essas tensões costumam falhar ao reconhecer como seu comprometimento inconsciente com a narrativa patriarcal reforça desigualdades sistêmicas. Eles se sentem atingidos quando suas boas intenções saem pela culatra, por isso mostrarei aos pais como podem se sintonizar melhor com o atual *ethos* cultural. Pais podem desempenhar um papel diferente nos cuidados dos filhos e alavancar um tipo diferente de narrativa parental, cultivando um senso de identidade mais forte. Eles podem ser pais feministas.

O que é um pai feminista? Vamos começar definindo o feminismo. Prefiro a definição com que bell hooks – autora aclamada, teórica, e ativista social – começa seu livro *O feminismo é para todo mundo – políticas arrebatadoras*: "Simplificando, feminismo é um movimento para acabar com o sexismo, a exploração sexista e a opressão".[2] Gosto de como essa afirmação é direta – não é complicada, assustadora nem hostil. Ela também não sugere uma batalha entre homens e mulheres. O feminismo começa com uma forte crítica à hierarquia baseada no binarismo de gênero que aloca privilégio masculino, permite dominância e violência e promove misoginia e homofobia. Entretanto, a definição de hooks tem um significado amplo o suficiente para dar espaço para que reconheçamos que o patriarcado também pode prejudicar os homens. Ele retira deles certos direitos, desafia sua autoestima e os pressiona a adotar narrativas identitárias sexistas. A autora Chimamanda Ngozi bem disse: "A masculinidade é uma gaiola dura e pequena, e colocamos garotos dentro dessa gaiola".[3] As mulheres não são as únicas vítimas do sexismo, e os homens não são os únicos perpetradores. O patriarcado é um problema para todos, seja você um subjugado ou um beneficiário.

O trabalho de bell hooks foi minha primeira introdução ao pensamento feminista sério. Após anos vendo homens na defensiva à mera menção da palavra que começa com "f", hooks me ofereceu uma porta de entrada para o feminismo. Ela me mostrou como assumir a responsabilidade por minhas ações sem que eu precise me sentir um supervilão. Quando comecei a escrever este livro, peguei da prateleira meu exemplar cheio de orelhas e bastante grifado de *Teoria feminista: da margem ao centro* e o reli. Uma frase se destaca imediatamente: "Feminismo não é um modo de vida nem uma identidade pré-fabricada ou um personagem no qual você possa entrar".[4] Escrevi isso em um post-it e o colei no topo do monitor do meu computador. Como um homem cisgênero[5] escrevendo um livro sobre feminismo, eu sabia que precisava garantir não estar apenas sinalizando virtude – vestindo uma fantasia de feminista para ganhar elogios. (Nota: *cis-* é um prefixo do latim que significa "deste lado do", o contrário de *trans-*, que significa "através". A identidade de um indivíduo cisgênero corresponde com o gênero que lhe foi designado ao nascer.) Os comentários de hooks me lembraram que, apesar de eu estar explorando a identidade paterna, ser um "pai feminista" não pode ser reduzido a um papel bidimensional interpretado por pessoas que se identificam como homens. Você com certeza pode se ver como uma figura paterna no momento em que se torna responsável por uma criança, mas ser um pai feminista será sempre um processo, uma prática interativa. Apesar do título deste livro, não é algo que você seja; é algo que você faz. Não se trata de ser, mas sim de se tornar. Você sempre pode ir além – existem sempre mais estereótipos a serem desafiados, desigualdades adicionais que precisam de atenção. Talvez você comece evitando a divisão tradicional das tarefas de casa. Quem cozinha? Quem lida com a churrasqueira?[6] Talvez você tome cuidado para não comprar produtos que capitalizem em cima do sexismo com slogans como "Mães exigentes escolhem Jif*", como se pais não tivessem discernimento quando se trata de nutrição e sanduíches de manteiga de amendoim.[7] Talvez você evite a dicotomia do azul/rosa, carrinhos/bonecas, esportes/glamour onipresente na moda dos recém-nascidos, no design de berçários e nos cartões comemorativos de recém-nascidos. Talvez você escolha criar sua criança como gênero neutro, usando os pronomes "elu"/"delu" para protegê-"lu" das garras asfixiantes de expectativas e estereótipos do patriarcado. Não importa onde você esteja no *continuum*: o feminismo é apenas uma estrutura que influencia as ações que você coloca em prática, as decisões que toma e as atitudes que adota. É sempre necessária autorreflexão, avaliação e constante reinvenção.

Então, como faz? Se estiver procurando por um manual cheio de conselhos fáceis sobre como educar garotas confiantes

---

* Famosa marca americana de manteiga de amendoim. (N. do E.)

e garotos sensíveis, este livro não é para você. Claro que eu acho que é urgente que pais aprendam como elogiar suas filhas de forma a contra-atacar a mensagem patriarcal que persiste sobre a inferioridade das mulheres; mas este não é um livro de frases para ensinar a você o que dizer às jovens com quem convive. Da mesma forma, é importante que pais ensinem os garotos como se relacionar com garotas de forma a contra-atacar a visão comum misógina sobre sexo, consentimento, privilégio e complacência. Mas não espere uma lista de tópicos para combater a cultura do estupro ou para lidar com o hábito obsessivo de seu adolescente de assistir pornografia. Este não é um livro sobre paternidade – pelo menos não se encaixa no gênero de forma clássica. Em vez disso, é mais um guia para uma autointervenção. Ele urge que pais mudem sua mentalidade, temperamento e disposição. Ele tem como objetivo ajudá-los a reconhecer coisas – coisas comuns, corriqueiras, cotidianas – que replicam atitudes problemáticas e reforçam sistemas opressivos.

Claro, você não vai conseguir se livrar de uma vida inteira influenciada por um padrão de pensamentos sexistas e patriarcais lendo este livro. Por quê? Porque feminismo não é uma solução única para um problema estático, é uma ferramenta variável que lhe possibilita fazer escolhas intencionais antissexistas e com sensibilidade de gênero, em contextos dinâmicos e em mudança constante. Vou mostrar como utilizar este livro e, no processo, oferecer uma imagem inspiradora de um novo tipo de figura paterna, um modelo para pais que, desesperados, estão tentando navegar por um mundo de narrativas em transformação. Por favor, lembre-se: um pai feminista não é uma identidade. Paradoxalmente, você ainda pode, e deve, tentar se tornar um.

Meu processo para se tornar um pai feminista inclui quatro princípios fundamentais:

Feminismo não é uma solução única para um problema estático, é uma ferramenta variável que lhe possibilita fazer escolhas intencionais antissexistas e com sensibilidade de gênero, em contextos dinâmicos e em mudança constante.

1. Você vai, de forma ativa, cultivar uma *consciência crítica*. Isso significa que você está disposto a questionar o que bell hooks costuma chamar de "patriarcado capitalista imperialista da supremacia branca". Eu sei que soa extremo, talvez mais radical e subversivo do que esperava quando pegou este livro. Mantenha a mente aberta. hooks diz que essa frase simplesmente descreve "os sistemas políticos interligados que estão na base da política de nossa nação".[8] Ela pode ser considerada uma das primeiras teóricas interseccionais, reconhecendo que é desonesto falar sobre desigualdade de gênero sem falar também de sexualidade, raça e status socioeconômico. Um pai feminista reconhece esse fato. Ele tenta enxergar o mundo pelas lentes críticas e interseccionais e se empenha em identificar, questionar e então reestruturar narrativas injustas e problemáticas. Ele também critica as estruturas financeiras, econômicas, políticas, tecnológicas e legais planejadas para desviar nosso questionamento sobre o pensamento patriarcal. Um pai feminista assume essa postura mesmo quando o olhar autorreferencial incomoda porque seus amados privilégios estão em jogo – quando ele é forçado a reconhecer coisas que preferiria ignorar.
2. Você vai praticar a *paternidade responsiva*. Isso significa que você é adaptável, reflexivo e aberto a perspectivas diversas e multifacetadas. Você é dedicado em combater a *autoridade patriarcal narcisista*, que é um termo que uso na parte dois deste livro para descrever o pressuposto tido como certo de que homens cisgêneros – especialmente os pais – têm o direito de definir e/ou ser o protagonista da realidade narrativa que molda as experiências de todas as

outras pessoas. A priorização da vida de um pai é, por hábito, cimentada em nossas instituições. As pesquisas médicas, por exemplo, ainda usam o corpo masculino adulto como referência. Não é só biologia; eu vejo o mesmo padrão nos meus esforços profissionais. O cânone acadêmico literário ocidental continua centrado no homem, e nossas teorias psicológicas continuam, inexplicavelmente, dependentes de mitos de gênero sobre patrilinhagem.

3. Você se comprometerá a criar seus filhos em um ambiente livre do que eu chamo de *essencialismo de gênero placa de banheiro* na parte três deste livro. Isso significa que você está disposto a se livrar das narrativas do determinismo biológico e substituí-las por ações e discursos antissexistas. "Biologia é um assunto interessante e fascinante", Chimamanda Ngozi Adichie escreveu em seu livro, oferecendo conselhos para criar uma filha feminista, mas "nunca aceite isso como justificativa para nenhuma norma social, porque normas sociais são criadas por seres humanos, e não há nenhuma norma social que não possa ser mudada".[9] Um pai feminista sabe que isso é verdade. Ele também reconhece como é fácil aos pais, inadvertidamente, reforçarem o pressuposto de que as convenções opressivas de gênero são fundamentadas na lei natural. Além disso, ele sabe que o sexismo é onipresente, então ele faz um esforço extra para criar alternativas a fim de que seus filhos testemunhem isso.

4. Você vai praticar a inclusão rigorosa. Nos termos mais simples, isso significa que você se compromete em educar de forma que desafie os estereótipos sexistas tradicionais e o binarismo de gênero. Em outras palavras, pais feministas não perguntam: "como eu preparo minhas crianças para a

difícil realidade de um mundo separado por gênero?". Em vez disso, reconhecem que é seu dever criar pessoas preparadas para desafiar toda forma de sexismo, misoginia, injustiça e opressão. Uma figura paterna deve à humanidade o cultivo de uma atitude não violenta e não dominante, demonstrando aos filhos uma atitude de aceitação e respeito pela diversidade. Um pai feminista estende seu compromisso pela igualdade para além de preconceitos no âmbito cisgênero, lutando a fim de criar um mundo mais seguro para transgêneros, não binários e outros indivíduos que não se encaixem no binarismo de gênero. Ele rejeita toda forma de discriminação, exploração, indignidade e coerção. Ele sabe que consentimento é um pré-requisito não só para o sexo, mas também para educação, trabalho, religião, espiritualidade, psicologia, política e jogos.

Eu reconheço que, neste momento, esses quatro princípios podem parecer algo vago e confuso. Talvez você esteja pronto para contra-argumentar alguns deles, mas eu lhe imploro: aguente firme. O resto deste livro é dedicado a torná-los mais claros e irrefutáveis. Infelizmente, não existe jeito rápido ou fácil de fazer isso.

Vou revisitar os quatro princípios em detalhes na última seção. Mesmo que você pule páginas, não vai encontrar explicações simples e concisas sobre nenhuma dessas ideias. Elas se cruzam e se misturam. Da mesma forma, tornar-se um pai feminista requer que os quatro princípios estejam funcionando, todos de uma vez, o tempo todo, então, espelhando isso, escrevi o livro de forma interdisciplinar.

Desde o início quero deixar claro uma coisa. Não estou me apresentando como algum tipo de superpai feminista. Eu não sou regido pelos quatro fundamentos o tempo todo. Eu, com certeza, tento meu melhor, mas também cometo vários erros. Muitas noites, deitado, antes de pegar no sono, a primeira coisa que sinto é arrependimento. Penso em todas as interações problemáticas que tive com meus filhos durante o dia. Eu as repasso em minha mente, revendo minhas escolhas, condenando meus erros. Então resolvo ser um pai melhor – e um pai feminista melhor – amanhã. Por isso este livro é cheio de histórias descrevendo meus deslizes. Enquanto enchi *The New Childhood* com histórias positivas e inspiradoras sobre tempo em família diante das telinhas e envolvimento conjunto em torno de alguma mídia, este livro é diferente. Quero mostrar ao leitor como aprendi a reconhecer e reconsiderar as formas inconscientes e lamentáveis em que participei de sistemas e estruturas sexistas, patriarcais, binárias e misóginas. Espero que você possa aprender a fazer o mesmo.

    Vou ser sincero. No começo, tornar-se um pai feminista dói. Muito. Mas, lá na frente, é libertador.

PARTE UM

EM NOME DO PAI

QUINTA-FEIRA, *6h15 da manhã*: estou olhando pela janela de nosso apartamento de três quartos no décimo segundo andar. O alvorecer ilumina o horizonte da Filadélfia, e eu tiro uma foto para o Instagram. #DedosRóseos #EpitetosHoméricos #Philly

É hora de começar a gritar com meus filhos. Saiam da cama! Escovem os dentes! Calcem os tênis! Arrumem seus lanches! Eu acendo as luzes dos quartos – claras, drásticas e severas. A luz dissolve a escuridão e meus filhos espremem os olhos, resistindo à iluminação como o prisioneiro liberto da caverna de Platão. Eu marcho pelo corredor rumo à cozinha.

Preciso de café, *espresso* duplo, enquanto assisto ao noticiário.

Vinte minutos depois: estou cafeinado. Revisei a palestra sobre Grécia Antiga e a origem da filosofia que darei aos estudantes da Universidade Temple, mais tarde nesta manhã, mas meus filhos continuam debaixo das cobertas.

"Por que acham que pago pelos seus smartphones?", eu grito. "Só pro YouTube? Aprendam a programar o despertador ou cancelo a internet de vocês." Aff! É o timbre irritante da voz do meu próprio pai que está saindo da minha boca – involuntário, amargo e azedo como vômito.

"Vocês acham mesmo que quero começar meu dia gritando?", pergunto, irônico, aumentando minha raiva irracional como se a culpa fosse deles. Claro que não é. Só estou frustrado porque estou ouvindo a trilha sonora de minha própria adolescência e não gosto de ficar preso em um algoritmo cíclico, uma receita intergeracional de drama familiar. Eu não gosto da tragédia de interpretar um papel de forma mecânica, recitando um roteiro – especialmente um que não escrevi. Passo o cinto, abotoo a camisa azul e olho para o espelho para conferir se ela revela minha barriga de meia-idade em expansão. Revela. Decido vestir uma cor mais escura, algo que emagreça.

Agora estou penteando minha barba e pensando em Ram Dass, professor espiritual e guru hippie na geração do meu pai. Ele disse certa vez: "Se você pensa que é iluminado, vá passar uma semana com sua família". Ele estava falando sobre a forma como velhos padrões desencadeiam ações impensadas e respostas emocionais. Todos sabemos que é verdade. Drama familiar pode parecer algo do qual não dá para fugir; preso e repetitivo como o som de uma pianola. Esse é o verdadeiro motivo por que essa rotina matinal mexe tanto comigo. É enfraquecedora. É uma prova de minha falta de autonomia. Minha raiva em relação a meus filhos aumenta de maneira proporcional à minha decepção comigo mesmo. Eu ouço a dissonância de minha própria vulnerabilidade emocional e faço exatamente o que suponho que meu pai – e muitos homens antes dele – sempre fizeram. Tensiono meus músculos, mostro o pouco de autoridade que consigo reunir.

Se não posso controlar minhas próprias ações, pode ter certeza de que tentarei controlar as suas!

Eu berro até minha garganta doer. Pastoreio meus garotos em direção àquele momento desconfortável em que todos estamos na porta da frente – casacos vestidos, mochilas penduradas nos ombros, luvas calçadas. Estamos prontos para partir à jornada diária, mas, por algum motivo, paramos para respirar fundo antes de girar a chave. É quase como se estivéssemos – nós três – reconhecendo que vínhamos encenando algum tipo de teatro de improviso.

Paramos, como se estivéssemos dando à audiência imaginária uma chance para nos aplaudir, e então saímos do palco.

AJA COMO UM HOMEM

As pessoas estão sempre atuando. Como atores, incorporamos papéis e personagens. Você provavelmente já ouviu aquela fala conhecida da peça *Do jeito que você gosta*, de Shakespeare: "O mundo inteiro é um palco, e todos, homens e mulheres, atores e nada mais". Não faz muito tempo, Kurt Vonnegut abriu seu livro, lançado pela primeira vez em 1962, *Mother's Night*[*], com a frase: "Somos o que fingimos ser".[1] Essas palavras são mais profundas do que apenas sentimento poético.

Pense na palavra "pessoa". Ela vem do latim clássico *persona*, que um dia se referiu à máscara que um ator usava não apenas num papel dramático, mas também durante um ritual. Pense nas perucas empoadas que os advogados britânicos usam. Elas são claras manifestações residuais daquelas antigas máscaras cerimoniais da persona. Da mesma forma, o vestido branco da noiva, o colarinho do padre e os uniformes dos atletas profissionais –

---

[*] Em tradução livre, "Noite das mães". Foi publicado no Brasil, nos anos 1970, com o título de *O espião americano*. (N. do E.)

todos eles são casos modernos de persona sendo implementadas no sentido tradicional, como fantasias e vestimentas para acompanhar a performance de um ritual. Existem muitos outros exemplos mais sutis: o terno de risca de giz, sapatos sociais pontudos e perfeitamente polidos, o brilho sintético e suave de uma camiseta polo, da UnderArmour. E não são apenas nossas roupas. Nós também adaptamos nosso vocabulário. Pense em seriados como *The Office – Vida de escritório* e *Silicon Valley*, que zombam de palavras da moda e siglas, aqueles roteiros bobos que as pessoas seguem em ambientes corporativos e em *startups*. Você tem que saber a linguagem se quiser se encaixar e ser bem-sucedido! Combine isso com etiqueta, rotinas e comportamentos específicos a determinadas situações. Logo terá uma noção da intrincada encenação que constitui nossa realidade social.

O famoso psicanalista suíço Carl G. Jung usou o termo persona para designar a atitude de um indivíduo em relação ao mundo exterior.[2] Ele a descreveu como "um tipo de máscara criada para, de um lado, causar uma impressão definitiva nos outros e, do outro, esconder a verdadeira natureza do indivíduo".[3] Jung sabia que todos nós, metaforicamente, vestimos uniformes e fantasias criados para informar pertencimento e status, para mostrar que somos os atores perfeitos dos papéis diários que pretendemos desempenhar. Para mim, esse jogo de improviso, do toma lá dá cá, fica evidente quando chego em casa, depois do trabalho. Enquanto deslizo meus braços num suéter, fico pensando no *mister* Rogers* e imaginando as enormes câmeras da TV e as fortes lâmpadas de Fresnel para além do cenário fictício de sua sala de estar. Calço minhas pantufas,

---

* Fred McFeely Rogers, mais conhecido por Fred Rogers ou por Mr. Rogers, foi um pedagogo e artista norte-americano, ministro da Igreja Presbiteriana, que se notabilizou como apresentador televisivo. (N. do E.)

quentes e macias, e ofereço a meus filhos um saudável lanche depois da aula. Em seguida, sugiro com firmeza que eles se concentrem em suas lições de casa antes de começar a jogar videogame. Eu quero encorajar bons hábitos. Quero ensiná-los a priorizar suas obrigações com responsabilidade. Mas enquanto fatio maçãs e as levo para mesa, imagino se estou apenas agindo como um pai, adotando uma persona paterna. Estou apenas tentando interpretar o papel da única forma que já o vi ser interpretado? Isso é o que o famoso sociólogo Erving Goffman diria. Ele descreve a vida mental humana como a consequência, e não a causa, de uma performance social em progresso. Seu livro mais famoso, *Representação do eu na vida cotidiana*, publicado em 1956, é um dos livros de ciências sociais mais citados de todos os tempos.[4] Teatro é a metáfora central do livro.

Sobre o eu, Goffman explicava, "não é uma coisa orgânica que tem localização definida, cujo destino final é nascer, crescer e morrer; é um efeito dramático surgindo difuso de uma cena que é apresentada, e o problema característico, o problema crucial, é o fato se será creditado ou desacreditado".[5] O que ele quer dizer é que o eu, como o conhecemos, é criado em reação a seu contexto social. Minha identidade não é produto da natureza – ao menos não no sentido de que tenho um eu verdadeiro, interior e autêntico, ou uma única predisposição determinada biologicamente. Em vez disso, para Goffman, o eu individual é apenas o efeito, não a causa.[6] Nós descobrimos quem somos conforme dirigimos nossa performance de palco, recebendo feedback do público (que também são nossos colegas atores). O processo de autodescoberta é igual ao de aprender comportamento social. É como um ensaio geral: pegamos o papel como está escrito e tentamos coisas novas – sempre com o objetivo de sermos aplaudidos de pé. Parafraseando a superestrela, cantora e compositora Taylor Swift: nós nos tornamos as pessoas que eles querem que nos tornemos.[7]

Mas lembre-se: ninguém vai ao teatro sem expectativas predeterminadas, menos ainda os atores; então, na vida real, de onde vêm todas essas expectativas? Onde pegamos nossos roteiros? Quem os escreve? Como sei o que significa ser um pai, se sentir um pai? Veio tudo das experiências que tive na infância? Somos moldados para o papel paterno que eventualmente interpretaremos apenas observando nossos pais? Ou existem algumas coisas inatas e absolutas sobre famílias humanas? Existe algum padrão psicológico profundo, da forma que Jung imaginou os arquétipos do inconsciente coletivo? Já nascemos com verdades fundamentais pré-programadas? Estruturas neurais fixas moldadas por eras de adaptação evolutiva? Será que as instruções de palco da paternidade estão escritas em nosso DNA?

Algumas pesquisas sugerem que homens passam por mudanças biológicas quando estão esperando filhos. Níveis de testosterona caem, enquanto os de prolactina e cortisol sobem.[8] Também parece existir ativação aumentada em áreas do cérebro ligadas a apego e alimento.[9] E os pais que passam pelas maiores flutuações físicas tendem a assumir mais responsabilidade pelos cuidados infantis assim que o bebê nasce. Isso indicaria uma conexão causal? Significa que a motivação para ser um pai dedicado é determinada de maneira biológica? Não necessariamente.

Alguns pesquisadores, olhando com mais atenção as mudanças físicas em homens durante o período pré-natal, notaram que elas não estão relacionadas com o número de dias restantes até o nascimento. Em vez disso, o corpo masculino parece espelhar mudanças hormonais similares às que ocorrem com a mãe.[10] Assim, é quase impossível rastrear a linha de causalidade com algum grau de certeza. Em outras palavras, ninguém sabe definitivamente se isso acontece por causa do bebê ou por causa da esposa, se é a gestação da criança em si ou o fato de a esposa estar grávida. As mudanças biológicas no pai poderiam ser puramente psicossomáticas – uma expressão de companheirismo doméstico disparada de forma inconsciente, o jeito do corpo de incorporar uma persona de marido.

Muitos psicólogos escreveram sobre casos em que pais grávidos apresentam ganho de peso, náusea, perda de apetite e outros sintomas comumente associados a mulheres e gravidez. Especialistas chamam isso de "síndrome de Couvade". É um nome derivado de um antigo verbo francês *couver*, que pode significar tanto "inatividade covarde" quanto "sentar em cima" – chocar, como um pássaro faz com o ovo.[11] O termo foi forjado em meados do século XIX por antropólogos que estudaram as chamadas culturas primitivas. Muitos desses pesquisadores identificaram exemplos de costumes rituais em que o pai sente (ou pelo menos finge sentir) as dores do parto.[12] Pode soar meio maluco, mas o grande Sir James Frazer, um folclorista famoso pelo seu influente livro *O ramo de ouro* (1890), atribuiu a síndrome de Couvade à crença em certa "magia empática", explicando que a falta de uma causalidade tangível, mensurável e eficiente é irrelevante porque "a ideia que pessoas e coisas agem umas sobre as outras a distância" é lugar-comum entre culturas indígenas.[13]

A medicina moderna, o início da antropologia, a psicologia e a mitologia comparada, todas têm diferentes explicações para o que parece ser um fenômeno comum associado com a pré-paternidade. Todas parecem concordar que as transformações pré-natais de um homem de alguma forma têm relação com seu modo de pensar sobre a divisão dos trabalhos pós-parto, segundo o gênero, mesmo antes da gravidez começar. O que sugere mais das mesmas perguntas: de onde vêm essas ideias?

Será que os papéis dos homens e das mulheres na criação dos filhos são inatos, fixos, universais? Existe uma diferença natural psicológica de como homens e mulheres, ou mães e pais, se relacionam com seus filhos? O que acontece com casais do mesmo sexo? Uma parte atua como a mãe e a outra como o pai? Se sim, isso ocorre provavelmente por escolha, influenciados por expectativas culturais. Em última análise, não parece haver muito efeito no resultado do desenvolvimento da criança. Pesquisas têm mostrado que não há diferenças que possam ser atribuídas apenas à sexualidade, ao gênero ou ao sexo biológico dos pais.[14] Aqueles que discordam do consenso cientifico[15] tendem a basear suas opiniões em premissas obsoletas sobre a influência paterna ou materna. Eles poderiam dizer algo como: "Um garoto precisa de um pai pra ensiná-lo a ser um homem!". Mas não é verdade.

Como este livro mostrará, não há nada de sólido nos fundamentos sobre gêneros específicos nos papéis paterno e materno. O jeito que pensamos sobre paternidade é meramente resultado de expectativas culturais arbitrárias fomentadas e mantidas por sermões religiosos, comerciais televisivos e ciência ruim – ideias que são reforçadas no dia a dia. É socialização. Ensinamos aos homens como interpretar o papel de "Pai". Mandamos sinais encorajando-os a fazer isso da forma como a maioria das pessoas espera que seja feito. Eu sei que é verdade porque vivenciei isso em primeira mão.

SEJA O PROVEDOR

Quando meu filho mais velho nasceu, comemorei com uma dose de bourbon. Em casa, naquela primeira semana, eu o segurei em meus braços enquanto ouvia a discografia inteira dos Beatles em

O jeito que pensamos sobre paternidade é meramente resultado de expectativas culturais arbitrárias fomentadas e mantidas por sermões religiosos, comerciais televisivos e ciência ruim – ideias que são reforçadas no dia a dia.
É socialização.

ordem cronológica. Começamos com "I Saw Her Standing There", do *Please, Please Me* (1963), e terminamos com "Get Back", do *Let it Be* (1970). Eu cantei cada letra para ele, desafinado, mas com convicção. Meu filho era um mini-eu, e mesmo antes de ser apropriado para sua idade, eu queria dividir um legado de entretenimento, hobbies, interesses, filmes e música.

A mãe dele sofreu uma leve complicação de saúde e precisou de um tempo extra de repouso para se recuperar, então levei o bebê ali, nas redondezas, para a primeira consulta com a pediatra. Quando ela entrou na sala, ficou claro que estava incomodada com a ausência da minha então esposa. Antes mesmo de começar o exame, a doutora sugeriu que o bebê não estava se alimentando o bastante. Foi como se a ausência do seio materno constituísse prova suficiente de desnutrição. Fiz uma nota mental sobre a mente fechada da pediatra – seu comprometimento com uma narrativa fictícia sobre a santidade e a necessidade dos cuidados maternos. A noção de um laço metafísico entre mãe e filho desencoraja de antemão os esforços de pais bem-intencionados. Ademais, essa ideia vem sendo usada para legitimar a desigualdade de gênero, oprimir mulheres e limitar sua liberdade. bell hooks escreve: "é muito revelador que, no despertar do movimento feminista, as instituições médicas patriarcais, que antes minimizavam a amamentação, de repente começaram a ser não apenas positivas sobre o assunto, mas insistentes".[16] A pressão para que as mães amamentem é tão desproporcional à evidência científica que aponta seus benefícios em relação ao leite em pó (onde água potável está disponível), que só pode ser entendido como um meio de colocar nas mães mais responsabilidade sobre a educação infantil.[17] Na época, contudo, por ser um pai recente, eu estava muito focado, animado e ansioso para deixar que os preconceitos da doutora me incomodassem.

Durante as primeiras semanas, adorei estar com meu filho recém-nascido. Eram os primeiros dias das vendas pela internet, e eu comprei um sling para o bebê. A grande faixa colorida de algodão orgânico biodegradável era alardeada como uma ferramenta antiga e essencial de educação infantil, um objeto central na evolução civilizatória, um artefato emblemático de puro apego parental.[18] Que sorte ele ter sido adaptado e fabricado para os tempos modernos! Apesar da complicação para colocar, era muito confortável, a partir do momento que acertasse todas as dobras, caimentos e nós. Amarrei meu filho ao meu peito e saí para comprar fraldas e outras coisas na Target*. Meu filho desfrutaria de todos os benefícios do "toque cuidadoso". E eu senti uma afinidade com meus ancestrais caçadores-coletores.[19] Era como se agora eu fizesse parte da linhagem primordial de figuras paternas, colhendo o sustento essencial para nossa família.

Em breve, haveria mais um equipamento. Um familiar relativamente abastado nos presenteou com um caríssimo bebê conforto/carrinho modular. O nome dele era Sapo ou Salamandra, ou alguma outra espécie anfíbia. Supostamente se chamava assim porque era híbrido, projetado para se adaptar a múltiplos ambientes. Talvez devesse também sugerir alguma história do cérebro reptiliano.

Grande parte do marketing voltado para os novos pais apresenta uma forma paradoxal de um pseudodarwinismo tecnoutópico. Queremos uma versão do desenvolvimento infantil medicamentada e endossada cientificamente, mas queremos que pareça primitiva e natural. Ficamos até felizes em ignorar narrativas

---

* Target Corporation Inc., mais conhecida como Target, é uma rede de lojas de varejo dos Estados Unidos, fundada em 1902 por George Draper Dayton e sediada em Minneapolis, no estado de Minnesota. É a segunda maior rede de lojas de departamento no país, atrás apenas do Walmart. (N. do E.)

arcaicas de gênero, desde que nos façam sentir como se estivéssemos criando nossos filhos com a sabedoria de nossos ancestrais. De qualquer maneira, aprendi a transformar o complexo bebê conforto em um carrinho e empurrei meu filho em caminhadas pela vizinhança. Claro que as pessoas paravam na calçada para admirar o recém-nascido "fofo" e "adorável". Logo reparei na pergunta que era feita sempre: "Cadê a mãe dele?". Era quase como uma série de outdoors ao lado da estrada. SAÍDA NO KM 5. SAÍDA AQUI. VIRE AGORA. Será que as pessoas estavam tentando me dizer que meu compromisso com a paternidade entrava em conflito com o entendimento cultural dominante sobre masculinidade madura? Eu deveria me conformar com a percepção popular ou resistir? Existia algum lugar que me desse o tipo de validação de que precisava para continuar motivado em minha jornada para me tornar um pai feminista envolvido? Talvez não. Talvez estivesse na hora de sair da estrada.

Cinquenta e três por cento dos americanos dizem que, fora a amamentação, as mães fazem um trabalho melhor cuidando dos recém-nascidos do que os pais; 45% dizem que mães e pais se saem igualmente bem. Apenas 1% diz que os pais fazem melhor. As pessoas apenas presumem que o sexo biológico determina a competência de alguém no cuidado, fazendo poucas concessões para variações entre indivíduos. Porém, não existe nenhum dado ou evidência científica que sustente essa conclusão. Ela se baseia em fé e equívocos. Os pais jovens de hoje tendem a ser entusiasmados, mas apenas 39% deles acredita fazer "um trabalho muito bom" na criação dos filhos; compare isso com os 51% das mães. Em 2016, os pais passaram o triplo do número de horas por semana envolvidos nos cuidados com as crianças, comparado ao que os pais passavam em 1965. Eles também representaram 17% de todos os pais que ficavam em casa, contra 10% de três décadas atrás, mas ainda assim não estão satisfeitos. Uma enquete de 2017 descobriu que 63% dos pais sentem que não passam tempo suficiente com os filhos. Eles citam, como obstáculo principal, obrigações com o trabalho. Há uma forte pressão para se adequarem à expectativa da sociedade, que espera que os homens trabalhem bastante e sejam provedores resilientes. É assim que somos ensinados a estabelecer nossas credenciais de figura paterna. Devemos trabalhar nos finais de semana e fazer horas extras buscando riqueza e status de maneira incansável, para demonstrar nosso compromisso com a família.[20]

Conheço bem essa persona; já interpretei esse papel. Quando meu segundo filho nasceu, eu tinha 30 anos. Eu era o proprietário e gerente de um restaurante bastante movimentado, localizado no Reading Terminal Market, na Filadélfia. Eu trabalhava seis dias por semana – longas horas administrando funcionários, comprando comida, controlando estoque e fazendo o que fosse preciso. Todo sábado e domingo de manhã, acordando antes de amanhecer, quebrava cerca de noventa dúzias de ovos, fazia omeletes, fritava-os e os colocava nos pratos acompanhados por bacon cortado grosso e batatas fritas cortadas à mão. Eu era bom em meu trabalho e ganhei bastante dinheiro, mas era um péssimo marido e um ser humano não muito bom. No trabalho, eu contratava pessoas que tinham acabado de sair da prisão. Elas moravam em lares temporários. Eu sentia como se as estivesse ajudando, mas, para ser honesto, só as contratava porque eram mão de obra barata e sempre apareciam no horário – uma exigência da condicional. Eu também conversava de forma inapropriada com as funcionárias, reproduzindo cegamente o sexismo, a misoginia e o essencialismo de gênero placa de banheiro que presenciei durante anos de trabalho em cozinhas de restaurantes. Ainda pior, me envolvi em lamentáveis infidelidades sexuais, talvez porque isso fizesse eu me sentir como um macho alfa. Era impressionante quanto do meu próprio mau comportamento eu podia perdoar e desculpar com a frase "são apenas negócios".

Por fim, isso me afetou. Nas semanas subsequentes ao nascimento de meu filho mais novo, eu me encontrava nos primeiros dias do que acabaria se tornando um longo e devastador episódio depressivo. Olhar nos olhos do meu filho me forçou a confrontar perguntas difíceis sobre o que significava ser um bom pai e um bom homem. Será que minha vida estava organizada de um jeito que servisse como modelo ao tipo de maturidade que eu queria que meu filho seguisse? Como eu poderia dizer a ele para viver uma vida que priorizasse valores e crenças positivas sobre igualdade, dignidade e justiça, se eu priorizava tanto o lucro, o poder e o prazer a ponto de, facilmente, não prestar atenção às escolhas antiéticas, contanto que estivesse "provendo" para minha família? A dissonância cognitiva acabou comigo. Eu me fechei de maneira absoluta; parei de falar com a maioria das pessoas que amava. Chorava todo dia, geralmente de manhã, antes do trabalho, enquanto tomava café e olhava distraído pela janela da cozinha. Eu adoraria dizer como me sentia, mas estava quase anestesiado por completo.

Depois de alguns meses, vendi minha parte no restaurante e fiz pós-graduação em psicologia profunda. Na época, era orgulhoso demais para admitir que precisava de ajuda, que era minha própria falta de saúde mental que motivava meus estudos. Em vez disso, vivi o clichê que diz que os psicólogos são os mais ferrados e estão, na verdade, apenas tentando se consertar. Eu visualizava minha nova empreitada acadêmica como uma mudança de carreira sensata, uma guinada. Considerava minha sessão semanal com um analista junguiano como "pesquisa suplementar". Eu acreditava estar bem, no controle, forte, competente, independente. Brincava, resignado, que com certeza morreria jovem, pois minha crise da meia-idade havia chegado cedo demais. Obtuso e inconsciente de minhas próprias contradições, vasculhei a internet atrás de livros de autoajuda que lidassem com a paternidade sob a perspectiva dos arquétipos psicológicos, que explorassem o papel de pai como uma instituição significativa. Encontrei pouquíssimos. Existia uma vasta literatura de desenvolvimento pessoal que abordava a masculinidade por lentes mitopoéticas, espirituais, essencialistas ou psicológicas, mas não havia muita coisa que focasse em paternidade. Suspeito que seja porque homens geralmente associam ser pai com ser uma figura de autoridade. Espera-se que eles sempre saibam o que fazer; que não deveriam precisar de ajuda, mas, hoje em dia, pais precisam de ajuda.

Segundo um relatório de 2015, do Pew, 57% dos pais identificam a paternidade como algo "extremamente importante para sua identidade".[21] Mas o conceito em vigor não está alinhado com o que é real; ele falha em fornecer aos homens modelos positivos e inspiradores, oportunidades significativas para reflexão e uma base psicológica saudável. Por quê? Porque hoje normas econômicas, tecnológicas, políticas e sociais estão todas mudando. Podemos ver isso de modo particular na renegociação das categorias de gênero. O pronome *they** foi a palavra do ano do Merriam-Webster em 2019 – baseado em um aumento de 313% nas pesquisas on-line. Em 2018, a palavra foi *justiça*, e *feminismo* no ano anterior.[22] O vocabulário necessário para se ter uma conversa sobre poder, opressão e interseccionalidade chegou na grande mídia. Perspectivas críticas que antes eram

---

* Em português: eles. Também usado como alternativa de gênero neutro, equivalente ao *elu/delu* no Brasil. (N. da T.)

quase que exclusivas do meio acadêmico e do ativismo, agora estão onipresentes. Pessoas comuns apontam novos exemplos de viés institucional a cada giro de notícias. As vítimas de discriminação de gênero, intencional ou não – junto com outros que já sofreram opressão, violência, exploração e trauma devido a séculos de desigualdade sistêmica – estão raivosas e vociferantes. Mudanças estão vindo, isso é claro; no entanto, o resultado dessa inevitável transformação continua indeterminado. É apenas uma ideia nebulosa de revolução pairando no horizonte de um futuro próximo. Por isso os pais estão sofrendo. Os pais não sabem como se imaginar sem os privilégios e os direitos do patriarcado. Como resultado, alguns homens se tornaram reacionários. Culpam as mulheres, as mães e as "políticas identitárias" de professores universitários liberais de elite, como eu. Eles travam batalhas políticas contra os direitos reprodutivos das mulheres porque, inconscientemente, confundem corpos que não sejam masculinos e cisgêneros como uma ameaça. Claro, a única ameaça é a falta de uma base simbólica significativa, a ausência de uma imagem de figura paterna atualizada de maneira adequada para se alinhar ao ethos cultural atual.

Infelizmente, a reação comum é demonizar os homens que usam a raiva e a culpa para compensar a incerteza sobre o futuro. Os progressistas são rápidos em apontar o quanto alguns caras durões podem ser ridículos e hipócritas. Eu entendo; com certeza é legítimo desprezar a ideia de que homens mimados possam enxergar-se como vítimas. Para deixar claro, não os estou defendendo. Uma acusação certeira de violência sexual não constitui uma caça às bruxas.[23] E não tenho nenhuma intenção de justificar os linguarudos no Twitter que dizem que a "cultura do cancelamento" dificulta a vida dos homens. Com certeza, é um absurdo que os homens, no caminho para a igualdade de gêneros, lamentem a perda de privilégios não merecidos mas isso não significa que não possamos reconhecer o fato de que sempre é desorientador e desestabilizador abrir mão de narrativas que dão sentido a nossas vidas. Não importa se essas narrativas estão certas ou erradas, verdadeiras ou falsas, justas ou injustas – elas ainda constituem a integridade estrutural do sistema de significados de um indivíduo. Dói quando velhas histórias desmoronam.

Histórias estão desmoronando ao nosso redor. É difícil mensurar o impacto disso. Os padrões e categorias que usávamos para definir o "eu" e o "outro" são desafiados todos os dias – às vezes para o bem, às vezes para o mal. Por exemplo: como podemos saber quem pertence a qual categoria identitária em uma diáspora digital, na qual qualquer um pode encontrar sua "tribo"? O que fidelidade cultural, hereditariedade e lealdade significam, agora que essas ideias podem ser desacopladas da biologia e do local de nascimento? Ninguém sabe ao certo. Tecnologias conectadas transformaram completamente a forma como entendemos nossos relacionamentos, como nos comunicamos uns com os outros e nossas definições de intimidade. Um novo paradigma global nos forçou a viver e trabalhar em um mundo organizado segundo um modelo geopolítico que mal podemos compreender. Claro, os limites do Estado às vezes proíbem o tráfego de imigrantes a pé, mas a informação, os micróbios e os ativos financeiros ainda atravessam rapidamente as fronteiras, livremente. De maneira semelhante, as cadeias de suprimentos transnacionais reorganizaram as regras do mercado. O transporte de alta velocidade alterou o que entendemos sobre limites de tempo e espaço. Os algoritmos e a inteligência artificial mudaram nosso modo de pensar sobre trabalho, emprego e produtividade. A automação perturbou os critérios pelos quais entendemos meritocracia e valorização pessoal. Problemas com dados e privacidade embaçaram os limites da soberania pessoal. Avanços na bioengenharia estremeceram a própria noção da natureza humana. É um pesadelo existencial. Considerando tudo isso, é seguro apostar que família e paternidade também deverão mudar na mesma escala e escopo de tudo mais que constitui nossa realidade social e cultural.

O problema é que, até o momento, resistimos a tudo, exceto aos ajustes mais superficiais na vida familiar. Claro, estamos felizes em adicionar Siri, Alexa ou a assistente do Google em nossas rotinas – deixar que ligue e desligue a luz da cozinha –, mas resistimos, teimosos, em fazer qualquer mudança na nossa compreensão comum do que constitui um lar saudável.[24] Nós nos mantemos comprometidos com papéis parentais baseados no binarismo de gênero que foram estabelecidos no início do capitalismo – na época em que as economias de mercado industriais começavam a substituir artesãos e fazendas familiares. Naquele tempo, a eficiência mecânica e fria das fábricas e as placas de vidro brilhantes dos escritórios em arranha-céus introduziram uma era inicial de transformações sociais e culturais desorientadoras. Para manter um senso de estabilidade psicológica, as pessoas tiveram que fazer com que o distanciamento de um estilo agrário parecesse "natural". Então adotamos uma história de origem sexista sobre donas de casa e caçadores, afirmando que os novos papéis de gênero eram resultado de biologia e evolução. Daí vem a imagem de donas de casa eternamente grávidas e descalças, agachadas em frente a fornos, varrendo e esfregando. Apesar do que foi dito a você, essa divisão de trabalho baseada nos gêneros – entre cuidadores e provedores – é uma invenção exclusiva da modernidade.[25]

No mundo pré-industrial, a comida era muito escassa para que metade da população ficasse em casa cuidando da cabana.

Todos precisavam ser provedores – caçando, colhendo, cultivando, o que fosse preciso. Claro, os pais com frequência iam à guerra, deixando as mães sozinhas para cumprir os dois papéis, mas foi apenas no século XIX que o ambiente de trabalho se tornou predominantemente masculino. "Um ambiente homossocial" é como Michael Kimmel, um dos principais sociólogos especializado em estudos dos homens, chama esse fenômeno. "Um mundo exclusivamente masculino, no qual ele compete com outros homens."[26] Kimmel está se referindo à forma como o ambiente de trabalho masculino se tornou distante, racional e competitivo porque o lar feminino era visto como altruísta, compassivo e acolhedor. "A autossuficiência funcionou para *os homens* porque *as mulheres* cuidaram da dependência e das obrigações", escreve a historiadora Stephanie Coontz. "Para ambos, homens e mulheres, isso significou a especialização em um conjunto de comportamentos, habilidades e sentimentos ao custo de suprimir outros."[27] Em outras palavras, o ambiente de trabalho industrial era dependente da agressividade repressiva e homofóbica que hoje é chamada de masculinidade tóxica.

De acordo com um artigo de 2019 do *New York Times*, masculinidade tóxica envolve a supressão de emoções, o disfarce de angústias, a manutenção de uma aparência de machão e durão e o uso da violência para esconder vulnerabilidades.[28] O diagnóstico foi formalizado em 2018, quando a Associação Americana de Psicologia (APA) publicou suas primeiras *Diretrizes para a prática psicológica em garotos e homens*.[29] Esse documento diz que os homens têm tanto medo de parecer fracos ou "femininos" que enterram seus sentimentos; escondem demais. Isso pode levar a problemas de saúde mental, problemas cardiovasculares, abuso de drogas, violência, prisão, mortalidade precoce e mais. Obviamente gostaríamos de evitar esses resultados negativos, mas é bobagem imaginar que a masculinidade tóxica é apenas um problema psicológico individual. Não, isso não é algo que possamos resolver com uma catártica roda de tambores e retiros na natureza.[30] Pensar o contrário apenas reforça a mesma velha narrativa patriarcal de autossuficiência estoica. Em vez disso, devemos entender e desconstruir a masculinidade tóxica nos contextos econômicos, profissionais e familiares mais amplos.

Também precisamos reconhecer que um abandono descuidado das constritivas personas da masculinidade da Era Industrial apresenta seu risco próprio. O que acontece com o senso de identidade de um homem? Ele não pode descartar, de uma vez só, *todos* os contornos rígidos que significam masculinidade. Afinal, a identidade refere-se tanto ao que a pessoa esconde quanto ao que revela. As barreiras não apenas limitam e reprimem; elas também fornecem definição e forma. Não podemos descartar os antigos símbolos sem reimaginá-los de novas maneiras. Caso contrário, vamos deixar os pais em uma situação especialmente problemática.

LUKE, EU SOU SEU PAI

É uma pena que quase todas as imagens comuns de paternidade disponíveis aos homens de hoje reforcem atitudes da Era Industrial sobre sexo e gênero. A primeira que me vem à cabeça é a de idiota trapalhão do Homer Simpson. Ele é um exemplo hiperbólico do pai de seriado, tão comum, ignorante e sem noção. Claro, ele tem um bom coração e é bem-intencionado – no fim das contas, um bom sujeito –, mas é também bobo e incompetente. Além disso, normaliza a agressão violenta que caracteriza de maneira estereotipada a relação entre pais e filhos. Pense na famosa imagem de Homer estrangulando Bart. Braços no ar, língua caricata balançando, Homer gritando: "Ah, seu Zé Ruela!". Quem não ama o Homer? Quem não consegue se ver nele? Ele é o estadunidense comum. Como audiência, toleramos o retrato incontestável de abuso infantil porque sabemos que é só uma piada de desenho animado. A comédia costuma exagerar na representação de tabus, revelando inclinações perversas demais para a vida real. Claro, não tem nada de errado rir de algo fingido, mas quando terminamos de apreciar as palhaçadas dos Simpsons, deveríamos pensar por que aceitamos representações de paternidade violenta sem questioná-las. Então veremos que todos nós acreditamos nessa imagem excessivamente rígida de responsabilidade paterna que talvez tenha feito sentido durante a Era Industrial, mas precisa, urgentemente, ser reinventada para um mundo em mutação.

Para ser um pai feminista, você precisa entender que a imagem atual da psicologia masculina se mantém enraizada em velhas teorias freudianas. Freud descreveu a relação inicial de um menino com seus pais usando a antiga tragédia grega de Sófocles, *Édipo rei*, como modelo. Tenho certeza de que você já ouviu falar do complexo de Édipo. Freud desenvolveu e expandiu esse conceito ao longo de sua carreira, mas escreveu pela primeira vez a respeito em uma carta ao amigo Wilhelm Fliess e depois em seu livro de 1899, *A interpretação dos sonhos*.[31] Ele disse que todos os garotos eram como o rei de Tebas, destinados a matar o pai e casar com a mãe. Não entenda literalmente; mas no sentido simbólico. Não é que o menino queira manter uma relação incestuosa com a mãe; o que ele quer é manter uma união íntima, caracterizada pela dependência física. O filho pequeno já esteve dentro do corpo da mãe e agora continua dependendo do seio dela para se alimentar. O pai é percebido como obstáculo; ele atrapalha a capacidade do filho de satisfazer seus desejos por meio do corpo da mãe na hora em que quiser. Pela perspectiva de Freud, isso ocorre porque a mãe é propriedade sexual do pai; seu corpo pertence ao Pai. O filho percebe isso e, portanto, aspira tornar-se igual ao pai. Ele quer ser um homem poderoso, capaz de saciar seus próprios desejos e negar a outros homens a oportunidade de satisfazer os deles. O filho quer acumular e proteger sua própria propriedade sexual, então transfere o desejo infantil – dependência maternal – para outra figura análoga à mãe. Ele encontra uma esposa, compra uma casa e começa uma família.

Daí por diante, enquanto a mãe mantém um ninho quente, confortável e acolhedor, o pai sai para trabalhar. Lá fora é um mundo de constante competição. Nós, pais, devemos fazer tudo o que pudermos para provar que somos homens de verdade, fortes e poderosos. Alardeamos nossa capacidade de possuir objetos sexuais femininos, assim como bens e status. Pense: esposas troféus, carros velozes e camarotes de luxo em arenas esportivas. É tudo pose. Ostentamos todos os nossos privilégios porque a economia industrial capitalista do século xx – alimentada por uma indústria publicitária fortemente influenciada pelo sobrinho de Freud, Edward Bernays – nos ensinou a obter nosso senso de autoestima masculina a partir da riqueza e do poder. Medimos nossas identidades em bens e serviços tangíveis. Pode ser um suv imenso que pareça um tanque ou uma picape. Pode ser uma casa enorme ou um grande terreno em uma comunidade exclusiva. Essa versão de masculinidade é baseada tanto no ato de acumular bens dentro de uma mansão quanto no de exibir o que conseguimos manter do lado de fora. É também uma persona projetada para mostrar dominância – para exibir o poder que alguns homens têm, não só sobre mulheres e crianças, mas também sobre outros homens. Por quê? Porque, de acordo com

Freud, nós sofremos permanentemente do trauma original de Édipo da perda do acesso ao seio materno e, portanto, exibimos sempre nossa capacidade não só de possuir objetos de desejo, mas também de simbolicamente castrar a concorrência, empurrar outros homens para baixo, torná-los impotentes.

Para entender até que ponto isso vai, o quanto essa história é comum, veja *Star Wars*. George Lucas tirou sua inspiração para a emblemática série de filmes do trabalho do superinfluente mitologista Joseph Campbell. "Eu comecei a pesquisar mais exaustivamente contos de fadas, folclore e mitologia", Lucas explicou. "Comecei a ler os livros de Joe."[32] Só depois de terminar de produzir os três filmes da trilogia original, ele conheceu Campbell. Os dois rapidamente se tornaram bons amigos. No final dos anos 1980, Lucas convidou Bill Moyers para filmar uma série de entrevistas com Campbell no Rancho Skywalker, superprivado e superexclusivo, no condado de Marin, na Califórnia. *O poder do mito* foi o resultado de mais de quarenta horas de entrevista com o próprio Obi-Wan Kenobi da mitologia comparada. Você já deve ter visto trechos no YouTube. Quando a série foi originalmente transmitida pela PBS, pouco depois do falecimento de Campbell, tornou-se "um dos programas mais populares da história da TV aberta".[33] Ela também apresentou o trabalho de Campbell para o grande público.

Suponho que você já tenha ouvido falar na jornada do herói. Quem não ouviu? Versões derivadas do monomito estruturalista de Campbell encontraram um caminho para entrar em praticamente todos os nichos do mercado de autoajuda: escrita, perda de peso, liderança, transformação espiritual, marketing, *branding* e outros. Cada um promete um algoritmo infalível – um tipo de ajuda sobrenatural, um código secreto, um mapa do tesouro, um sabre de luz – que irá maximizar o engajamento, o sucesso, as realizações e/ou os lucros. Procure pelo chamado da aventura. Ande pela estrada dos desafios. Escape da barriga da baleia. Busque sua felicidade! Infelizmente, poucas dessas ramificações da jornada do herói reconhecem que Campbell colou sua pesquisa multicultural do mito do herói no complexo de Édipo de Freud. Portanto, o modelo privilegia uma narrativa problemática de uma psicologia adolescente que é definida em relação à identidade de uma figura paterna falha. Agora somos todos Luke Skywalkers, destinados a direcionar de maneira inconsciente nossa hostilidade fálica ao nosso pai, mas também a aprender que é "tóxico" quando sucumbimos às tendências agressivas e sombrias da força. É uma receita à ansiedade e ao autodesprezo.

Campbell descreve a batalha entre herói e tirano desta forma: "Saiba ele ou não, e não importa sua posição na sociedade, o pai é o sacerdote iniciador pelo qual o jovem ser passa para um mundo maior". Ele está falando de desenvolvimento cognitivo e socioemocional em um sentido geral aqui. A jornada do herói não trata somente de comparar contos populares ou padrões arquetípicos. Ela também descreve de maneira metafísica um suposto caminho saudável em direção à maturidade psicológica; note, porém, que Campbell presume que o jovem herói é homem. É realmente a jornada de um menino, e ela passa, necessariamente, por um confronto com uma figura paterna.[34] Campbell esquematiza a rivalidade arquetípica: "o filho contra o pai pelo domínio do universo, e a filha contra a mãe para *ser* o mundo dominado".[35] Uma hierarquia sexista, patriarcal, binária, misógina e construída bem no centro do monomito. Pais e filhos lutam. De acordo com Campbell, isso reflete um fato inevitável sobre a experiência da vida real: os homens estão destinados a competir pela posição de alfa numa hierarquia social dividida por gêneros, que tem espaço apenas para uma autoridade masculina dominante.

"Todos sabemos que um garoto só pode ser papai quando seu papai estiver ao lado do Pai", Maria Dahvana Headley escreve em sua tradução de 2020 do antigo épico inglês *Beowulf*.[36] É certo que no reino da mitologia as apostas da linhagem paterna são altas. O conflito simbólico entre pai e filho leva ambos à beira da morte e ao limiar do renascimento. A parte infantil, subordinada e dependente de todo garoto, deve morrer para que ele possa renascer como patriarca dominante, e o pai deve entregar seu reino, uma morte metafórica da vida que ele conhece. "Por mais forte que um homem seja", escreveu Jean-Pierre Vernant, o último e grande antropólogo sobre essa alegoria mitológica, "por mais poderoso, inteligente, majestoso e soberano, chega o dia em que o tempo o derruba, quando a idade começa a pesar e quando, consequentemente, a prole que ele criou, a criancinha que ele costumava balançar em seus joelhos, proteger e alimentar, torna-se um homem que é mais forte que o pai e que está destinado a tomar seu lugar".[37] Nesse quadro, a abdicação da autoridade funciona tanto como uma responsabilidade paterna quanto como um rito de passagem. Em outras palavras, o bom pai deve sempre treinar o filho para a batalha conclusiva da infância, mas deve também estar preparado para aceitar seu destino. Afinal, um velho sábio é aquele que aceitou se tornar um governante derrotado.

E essa narrativa acaba encontrando repercussão em nosso entendimento moderno da relação pai/filho. Pense: rebeldes adolescentes contra adultos mais velhos. *Okay, Boomer!*[*] É o conflito geracional a se manifestar da maneira mais pura. Portanto, é preciso também reconhecer o fetiche da Era Industrial pela inovação, e a obsessão americana pela revolução política.

---

[*] Expressão cujo uso se popularizou entre a Geração z para referir-se a qualquer pessoa mais velha que eles, não necessariamente integrantes da geração chamada de *baby boomers*. (N. do E.)

Da mesma forma, essa história arquetípica se esgueira em nossos negócios e na preocupação profissional provocada pela ruptura tecnológica, está também na fixação do consumidor capitalista pela novidade: nós sempre queremos os produtos mais recentes, mais rápidos, mais estilosos e mais potentes. Nosso objetivo é trocar nossos produtos velhos por substitutos mais jovens porque todo jovem herói eventualmente deve substituir os pais e reis anciões – nós esperamos que o insurgente se transforme em *establishment**, esperamos que o marginal se torne o centro. Sem dúvida, essa é uma inclinação natural e cíclica que os humanos têm às vezes, mas nem sempre. A noção de que essa história constitui um esquema psicológico aplicável de maneira universal – uma lei essencial da natureza humana que transcende contexto cultural e histórico – vem direto de Freud. Embora o dr. Sigmund possa ser considerado datado, desmascarado e cientificamente invalidado, não há como negar que ainda tomamos como certas uma impressionante quantidade de suas teorias, em especial quando se trata do relacionamento formativo entre crianças e seus pais. Pense que existem vários mitos primários que contam diversas histórias sobre pais e filhos – Abraão e Isaac, Odisseu e Telêmaco, Shiva e Ganesha –, mas porque Freud escolheu Édipo, porque Campbell seguiu Freud e porque Lucas seguiu Campbell, nós continuamos entendendo o desenvolvimento infantil dos meninos por uma lente singular de ascensão homicida.

Claro, Campbell e Lucas não são os únicos responsáveis. Existem inúmeras influências que, de maneira inadvertida, sustentam a autoridade dessa teoria falha de Freud. Mesmo assim,

---

* Grupo de pessoas poderosas, importantes e influentes no contexto social, político e econômico de um país. (N. do E.)

quando você pensa em quantos garotos de hoje em dia se conectam com seus pais sentados em um sofá assistindo a *Star Wars*, isso se torna um exemplo convincente de como uma narrativa de patrilinhagem consegue manter sua legitimidade como construção psicológica. Demonstra a maneira sutil como a cultura pop pode reforçar não só expectativas, mas também um imperativo moral para que os pais encenem todos os elementos que constituem a masculinidade tóxica. Espera-se que os pais sejam mal-humorados, reservados e autoritários. Quase nunca emotivos. Nunca vulneráveis. Até porque eles estão travando uma batalha pela sobrevivência, armados com pistolas laser e sabres de luz. O filho é destinado a destruir a Estrela da Morte (*Star Wars*). Portanto, a negligência emocional é metaforicamente semelhante a deixar um bebê embrulhado na floresta para morrer (*Édipo rei*). Não é apenas um ato de autodefesa, mas também de gestão firme. O pai está apenas protegendo seu clã: mãe e filha! Ele pode querer ser um modelo carinhoso e dedicado para os filhos – o que Campbell chama de "O sacerdote que inicia a masculinidade" –, mas, mesmo assim, atos de abandono e agressão paterna continuam necessários. O excesso de rigidez supostamente ajuda o filho a desenvolver a persistência e a tenacidade exigidas para ser bem-sucedido em um mundo cão. Por que mais você acha que Darth Vader decepa a mão de Luke Skywalker? A mão é um símbolo da crença que apenas a dor, o conflito e as feridas constroem caráter. Os garotos devem ser desmamados; eles devem aprender a rejeitar a dependência e aceitar um individualismo ferrenho. É a única forma de se tornarem figuras paternas efetivas.

Essa narrativa freudiana da masculinidade do herói continua onipresente em nossa compreensão popular sobre psicologia do desenvolvimento – e não apenas sobre garotos. Ela persiste em todos os gêneros e sexualidades. Pense na resistência aos chamados pais helicópteros*, pense na preocupação vigente de que universitários mimados não estejam aprendendo como confrontar ideias polêmicas, ou na crença de que aprendemos apenas por meio do fracasso. Todos esses exemplos ilustram nosso comprometimento com a ideia de que a educação carinhosa, de modo geral associada aos cuidados maternos, é problemática para uma criança em crescimento. Não a sufoque! A dependência deve ser interrompida por uma realidade dura, fria e mitologicamente masculina. A maternidade é abundância, paternidade é escassez. A mãe ama de maneira incondicional, o Pai retém a afeição. Não me admira a pediatra achar que meu filho estava com fome e desnutrido! Ela pressupôs, assim como muitos de nós fazemos, que mesmo que o bom pai queira cuidar – ou seja, esteja motivado pelo desejo de defender, proteger, ensinar e iniciar –, ele ainda assim vai prover seu filho com uma quantidade de antagonismo hostil, narcisista e supressivo. Afinal, para desenvolver coragem e resiliência, a criança precisa de uma figura paterna que reflita a apatia e indiferença do mundo real.

Essa é a narrativa persistente em tudo que um pai aprende sobre como preparar seu filho para o futuro de maneira adequada. Está embutida em nossos costumes desde o começo. Pense nas implicações do ato simbólico de ter o Pai cortando o cordão umbilical na sala de parto. Como o comediante Michael Ian Black escreve em sua carta ao filho, lançada como livro em 2020: "Sua mãe o segurou por nove meses e agora meu primeiro trabalho como pai é separá-lo dela? Eu não queria fazer isso e também não queria dizer 'não' por que dizer 'não' poderia,

---

* O pai helicóptero ou mãe helicóptero são os pais superprotetores que estão sempre girando em torno dos filhos, controlando continuamente a vida e o dia a dia da criança. (N. do E.)

pensei, levar o doutor e as enfermeiras a questionarem minha masculinidade".[38] As suposições edipianas de Freud se tornaram uma parte rotineira na identidade de todo pai, mas elas não necessariamente condizem com a forma como ele quer imaginar a si mesmo, em especial na cultura contemporânea – que parece estar se encaminhando para uma visão de mundo pós-patriarcal.

Para ser um pai feminista, você deve estar disposto a questionar essas suposições tidas como absolutas; e deve estar preparado para reimaginar sua persona paterna de maneiras antissexistas.

COMO SEMPRE FOI

Algumas pessoas acreditam que todas as civilizações são patriarcais, que a ordem em si depende de dominação e obediência e que a hierarquia é inerentemente paterna. Talvez elas apontem para o novo testamento (Mateus 6:9-13), em que Jesus recita a oração do Senhor (o Pai-Nosso): *Pai nosso, que estais no céu, santificado seja vosso nome.* Talvez apontem para a oração hebraica: *Nosso pai, Nosso Rei; Avinu Malkeinu* (וְנִכְלָם וּנִיבָא), recitada nas grandes festas judaicas. Nas tradições religiosas abraâmicas, Deus é pai.[39] Algumas pessoas igualam os textos antigos com a história e dizem: "É assim que sempre foi. Os homens devem estar no comando".

Com toda a franqueza, apesar do que algumas escritoras feministas gostariam de fazê-lo acreditar, também não há evidências conclusivas de que já tenham existido sociedades totalmente matriarcais, mas isso também não prova nada. Por que não? Porque não há provas conclusivas de que já tenha havido uma sociedade totalmente patriarcal. Cada cultura, ao longo do tempo, teve sua forma única de pensar a respeito de gênero. As sociedades patriarcais da história não se pareciam com a nossa. Sugerir o contrário seria extrapolar os limites da liberdade. A cultura está sempre em mutação. Você sabe que isso é real porque, mesmo vivendo em uma história relativamente curta no mundo, já renegociamos nossa categorização de gênero múltiplas vezes. Hoje, os papéis de homens e mulheres na sociedade secular guardam pouca semelhança em relação ao que meu tataravô esperaria. O ponto é que não é algo sobre isso ou aquilo. Não existe uma batalha eterna sendo travada entre patriarcado e matriarcado. Não há uma competição entre homens e mulheres para reivindicar todo o poder e autoridade. Portanto, não precisamos de evidências de opostos polarizados porque sabemos que a realidade existe em um espectro. Ademais, mesmo em tempos em que a misoginia sistêmica organiza a civilização humana, as mulheres ainda são parte integral do que significa ser um homem. "Ser um homem, primeiramente e antes de tudo", escreve o antropólogo da Universidade Brown, professor Mathew Gutmann, "significa não ser uma mulher".[40] Em outras palavras, gênero vem sendo definido por contrastes ou comparações que levam a restrições e permissões. Estabelecemos tarefas espirituais e profissionais e deveres parentais de acordo com declarações infundadas a respeito das diferenças intrínsecas entre gêneros, e aí apontamos para histórias de origens fictícias, afirmando que os mitos antigos são prova da ordem natural. É a logística e a burocracia com base na fé. Isso não resiste a uma séria análise científica e filosófica, e é o motivo de a sociedade estar sempre mudando.

Para reforçar esse argumento, vamos dar uma olhada na ciência. Primeiro, entenda a diferença entre gênero e sexo. Gênero é a palavra comumente usada para descrever traços, características e experiências que estão associadas com a identidade. Sexo é a palavra usada para descrever a anatomia biológica de alguém. Isso serve como uma distinção útil para eruditos, teoristas e escritores que trabalham com questões feministas ou LGBTQIA+.[41] Todavia, é imperfeito e um tanto problemático – mas não pelo motivo que você talvez esteja pensando. Não é a noção de identidades de gênero fluidas ou não binárias que é problemática. Não, de modo intencional, as categorias teóricas mantêm sua integridade mesmo quando confrontadas com a incerteza subjetiva e a ambiguidade filosófica da realidade. Em vez disso, é a forma determinista com que tentamos enquadrar fenômenos naturais tangíveis em classificações simples; é isso que no final desmorona sob uma avaliação rigorosa. Noutras palavras, a ciência revela que, quando se trata de sexo biológico, não existe um binarismo claro e abrangente.

Com certeza, alguns leitores vão protestar. Afinal de contas, somos ensinados desde muito jovens que garotos têm pênis e garotas têm vaginas. Você pode ver a diferença, certo? Nem sempre. Pesquisadores estimam, de cada cem pessoas, uma ou duas nascem intersexo, o que significa que nascem com uma anatomia sexual ou reprodutiva que não pode ser caracterizada usando apenas critérios binários.[42] Se você não for um estatístico, pode pensar que 1 ou 2% fazem com que essas pessoas sejam exceções, anormalidades ou bizarrices. Mas não: 1 ou 2% é bastante coisa! Isso é aproximadamente o mesmo número de pessoas nascidas com olhos verdes ou cabelos vermelhos – bem maior do que a percentagem de pais que vão comprar uma Budweiser depois de assistir a um único comercial do Super Bowl. Nós pensamos em certas cores de cabelo ou de olhos como "condições médicas" ou "aberrações"? Não. Reconhecemos que, apesar dessas características não se aplicarem a 98% da população, elas ainda representam variações naturais esperadas na experiência humana básica.

Evidentemente, as pessoas resistentes à ideia de um espectro fluido podem me acusar de escolher a dedo números oriundos de estudos que apoiam meu argumento. Afinal, é verdade que a percentagem de nascimentos intersexo é contestada constantemente. Alguns pesquisadores acham que o número real é bem menor do que 1 ou 2%.[43] Eles apontam que, se forem analisadas apenas genitálias ambíguas, elas compõem apenas cerca de 0,5%. Variações cromossômicas, hormonais e outras completam a diferença, mas me parece que, se o critério usado para classificar o que é intersexo pode ser tão facilmente colocado em xeque – se especialistas discutem sobre como definir a categoria que não se encaixa em nossas categorias –, então a discordância deles é, em si, apenas outro indicativo de que um binário simples não está funcionando.

Para deixar ainda mais claro, vamos analisar variações cromossômicas.[44] Se você estudou biologia no ensino médio, deve ter aprendido que XX equivale a feminino e XY equivale a masculino. Você sabia que existe apenas um gene (SRY) no cromossomo Y que determina a anatomia reprodutiva? SRY é uma proteína que se une a uma região específica do DNA, fazendo com que o feto desenvolva testículos e evitando que ele desenvolva útero e trompas de falópio. Assim, ter o gene SRY significa que você é geneticamente "masculino" e, presume-se, capaz de ser pai, mas em algumas mutações – e existem várias – o SRY não se comporta como esperado.[45] O feto desenvolve órgãos reprodutivos femininos apesar de ter cromossomos tipicamente masculinos. Da mesma forma, é possível que o gene SRY salte para o cromossomo X, levando ao efeito oposto: testículos sem o cromossomo Y.[46] Pense no que isso significa: é possível nascer com os cromossomos culturalmente associados ao feminino e com a anatomia reprodutiva necessária para ser pai biológico de uma criança.

Em seguida, considere os hormônios. Todo mundo sabe o que é testosterona. Nos dizem que é o que faz os garotos serem agressivos, tarados, empreendedores e assertivos. É por isso que os pais estão no comando, certo? Supostamente, testosterona é a essência endócrina da masculinidade, a contrapartida masculina ao estrogênio feminino. Esses hormônios não são, na verdade, específicos a um sexo ou gênero. O estrogênio desempenha um papel essencial no corpo masculino – até mesmo no pênis. Está relacionado com função erétil, libido e produção de esperma.[47] Do mesmo modo, a testosterona é peça-chave para o funcionamento saudável do corpo feminino; é produzido nos ovários, glândulas adrenais, células de gordura e células da pele. E embora seja real que corpos considerados tipicamente femininos produzam, em média, muito menos testosterona do que corpos considerados tipicamente masculinos, essa pequena quantidade pode ter efeitos imensos.[48] Além disso, algumas mulheres têm níveis excepcionalmente elevados de testosterona e alguns homens têm níveis excepcionalmente baixos. Um estudo publicado há pouco mostra que "um em cada seis atletas masculinos de elite têm níveis de testosterona abaixo da faixa normal de referência".[49] Em alguns casos, os níveis entre esses heróis esportivos supermásculos eram até menores do que a média entre atletas femininas de elite. Esse é apenas um entre tantos estudos que demonstraram de forma conclusiva que as características associadas de maneira cultural à masculinidade e feminilidade não desembocam em uma simples díade hormonal. Nossas categorias para sexo e gênero são apenas fantasias – ferramentas linguísticas imperfeitas que usamos para organizar um universo caótico de uma forma que pareça familiar e palatável. A verdade é muito mais complicada, e isso fica claro quando você reconhece que é possível ser cromossomicamente masculino ou feminino e hormonalmente não binário.

Você tem alguma ideia de quais são seus níveis de testosterona? E como são mapeados seus cromossomos? Eu não sei nada de nenhum dos dois e ainda assim escolho me identificar como homem. Eu uso os pronomes ele/dele. Essa é uma prerrogativa minha. Não precisei fazer um teste para provar que era verdade. Se fizesse, provavelmente descobriria coisas que não sabia. Mesmo assim, minha posição privilegiada na sociedade permite que eu me chame de qualquer coisa que eu queira. Será que todos não merecem poder fazer essa escolha? Eu acho que sim. Também escolho me identificar como pai. A pergunta neste livro é: o que isso significa de fato? Por certo é verdade que produzi os espermas que fertilizaram os óvulos que, enfim, se tornaram os embriões de meus filhos.[50] Agora eles me chamam de pai, mas o que isso tem a ver com a forma com que me relaciono com eles, a forma que eu me imagino, o papel que escolhi interpretar no dia a dia? Minha raiva e minha agressividade matinais estão relacionadas a níveis hormonais? São os cromossomos que me levam a marcar "chefe de família" em meu imposto de renda? Não. Os cientistas não conseguem nem provar que sexo biológico determina identidade de gênero, que dirá inclinações paternas.

E ainda assim tantos de nós continuam acreditando que o papel de um pai é fixo e inato. Eu, não. Não estou interessado em essencialismo de gênero, seja a versão biológica ou a psicológica. Eu rejeito até mesmo a ideia de que imagens arquetípicas de masculinidade possam transcender seus contextos históricos e culturais. Apesar da minha formação em psicologia profunda junguiana, eu não acredito que a velha perspectiva mitopoética –

originalmente popularizada pelo movimento masculino *Iron John**, de Robert Bly nos anos 1980 e 1990 – seja uma solução adequada para a crise de identidade que os pais de hoje enfrentam. Aqueles que se identificam como homens não deveriam se ancorar em personas datadas e estereotipadas. Não faz sentido tentar agir como guerreiros, magos e Casanovas.[51] Garotos não precisam se tornar durões, acertar a postura[52], nem encontrar seu atleta, alquimista ou pegador interior. Pais não precisam ser tiranos, juízes, carrascos e santos.

Para ser um pai feminista, você tem que admitir que está na hora de reinventar a figura paterna para uma nova era. Antes de podermos fazer isso, temos que reconhecer o modo como histórias, imagens e atitudes populares fizeram com que convenções arbitrárias parecessem fatos naturais da vida. Roland Barthes uma vez chamou isso de "a exibição decorativa do que é óbvio".[53] O popular ensaísta francês, que escreveu sobre literatura e cultura popular no final do século XX, se ressentia de como estruturas tidas permanentes acabam moldando nossas aspirações. Ele tentava expor como certos elementos de nossa experiência cotidiana orientam nossas presunções sobre quem podemos ser e como podemos nos imaginar. Barthes chama isso de "abuso ideológico".[54] Ele argumenta que toda vez que, cegos, aceitamos as coisas como sendo comuns, normais ou naturais, estamos fortalecendo uma estrutura social subjetiva e, portanto, limitando nosso potencial de criar outras possibilidades. Em

---

* *Iron John* é um movimento masculino encabeçado pelo poeta Robert Bly. Em seu livro *Iron John: A Book About Men* (publicado no Brasil com o título *João de Ferro: um livro sobre homens*), Bly utiliza a psicologia junguiana para analisar o conto de fadas dos irmãos Grimm, *João de Ferro*, acreditando que no conto havia lições do passado de grande importância para os homens modernos, e que poderiam fornecer imagens positivas sobre o que é a real masculinidade e como ser um homem de verdade. (N. do E.)

outras palavras, ele achava que narrativas culturais promoviam certos significados ao esconder alternativas.

Ao longo deste livro, identificarei algumas das narrativas e imagens tidas como permanentes que delineiam nossas expectativas, e vou revelar algumas das alternativas. Espero oferecer uma imagem inspiradora de uma nova forma de figura paterna – uma menos paternal, menos dominante, menos narcisista e não necessariamente masculina. É uma imagem mais sintonizada com o atual momento cultural. Ela ilustra que existe outra forma de cuidados infantis que os pais podem assumir na vida de seus filhos. Existe também outra forma de identidade paterna que os pais podem integrar à sua experiência de se tornar um adulto maduro. Eu escolhi usar os pronomes ele/dele quando me refiro a "pai" porque é assim que penso sobre mim, mas não quero excluir ninguém que se identifique de forma diferente.

A nova figura paterna começa sua jornada aceitando que não é necessariamente o chefe da família – que a vida não precisa ser experimentada como uma história narcisista para dormir na qual o patriarca é sempre o protagonista. O pai não é um rei esperando para ser destronado pelo jovem herói em uma competição épica por domínio. Ele não é um abastado proprietário cuja principal preocupação é como a linhagem paterna influencia a perpetuidade de suas posses. Ele não é o guardião da virgindade de sua filha; o corpo e o desenvolvimento psicossexual dela não são territórios onde precisa exercer autoridade. Por fim, ele não tem que se ver como um disciplinador ou um mecânico, porque nem tudo precisa ser consertado e resolvido. Em vez disso, a liderança paterna pode ser sensível e participativa. O pai pode reconhecer que somos todos apenas narradores não confiáveis de nossos próprios contos de fadas.[55] Nenhuma história é mais importante que outras. Um pai deve, com certeza, ser protagonista de seu próprio mito, mas ele sabe que também é vilão de alguém e mentor de outra pessoa. Deste modo, não deveria ficar surpreso, magoado ou resistente quando descobre que está escalado em papéis para os quais não se inscreveu. Seu principal dever é interpretá-los bem.

PARTE DOIS

NOSSO PAI, NOSSO REI

DOMINGO, 2h45 da tarde: gotas grandes e pesadas de chuva se chocam contra a janela. Uma tempestade de verdade soa mais autêntica do que o ruído branco que geralmente reproduzo da internet.

Um dos meus alunos, como parte de um exame, fez uma apresentação de slides na qual se descreveu como "pluviófilo", alguém que ama chuva. Não acho que essa palavra exista. Depois da aula, catando milho na tela de meu smartphone enquanto caminhava através do campus, conferi na internet. Havia um punhado de blogs engraçadinhos e alguns vídeos do YouTube que usavam o termo, mas não pude encontrar nada no dicionário de inglês da Oxford que conectasse pluvial (relacionado a chuva) e filia (amor, afeição e carinho). Mesmo assim, eu gostei – ambos, a palavra e o sentimento. O barulho de um trovão nunca me assustou. Mesmo quando criança, achava a chuva quieta, calma e feliz. Agora que sou um homem de meia-idade, não existe clima melhor para se enroscar no sofá e ler um livro.

Hoje peguei um livro novo de uma antiga amiga da faculdade.[1] Não falo com ela há alguns anos, mas curtimos as postagens um do outro nas redes sociais regularmente. Certa vez ela criou uma série de selfies de viagem em que um elefante de plush chamado Titus a acompanhava em um passeio pela Itália – andando em gôndolas, comendo risoto, passeando pela Villa Borghese. Suas atualizações de status me fazem rir. Eu clico no joinha, no coração, na carinha sorridente. Ela parece fazer o mesmo por mim. Infelizmente, estou com dificuldades de progredir pelos parágrafos de seu livro. Parece que já li a mesma frase dezenove vezes – as mesmas frases, as mesmas palavras, as mesmas piadas. Não é culpa dela. A prosa é incisiva; é uma autora talentosa. Eu leio tudo o que ela publica. O problema é meu filho mais novo. Ele não para de me incomodar.

"Papai, posso te fazer uma pergunta?" Ele aparece na sala a cada dois minutos. "Posso te contar o que aconteceu no meu jogo?" Ele agarra meu braço, me puxando e empurrando. "Você sabe por que o Wi-Fi está tão ruim?!"

A princípio, tento argumentar. "Pô, cara, você pode me deixar meia hora sozinho? Estou tentando ler uma coisa."

Ele vaga pelo corredor, com as pontas dos dedos tocando as paredes, faz a curva e some para dentro do quarto. Ajeito a almofada atrás da cabeça, puxo o cobertor de lã para que cubra minhas pernas e leio mais meia página antes que ele esteja olhando para mim novamente.

"Pai, o que vamos comer na janta?"

Perco minha paciência. *"Você tá de brincadeira comigo?!?"*

Levanto a voz: um longo e alto discurso sobre quanto tempo e energia eu dedico a ele e a seu irmão. Eu sou um mártir, droga! Não mereço uma tarde preguiçosa de chuva sem interrupções de vez em quando? O que *você* fez por essa casa hoje? Por que não vai limpar seu quarto? Esfregar os banheiros? Dobrar a roupa? Fazer a janta? Quando eu tinha sua idade, meu pai me obrigava a fazer tarefas difíceis!

Meu filho revira os olhos e resmunga enquanto sai. Apenas uma palavra: valentão.

Ultimamente ele tem reclamado que eu grito demais, porém isso só me faz gritar mais alto. Machuca meu ego e ameaça minha autoridade. Eu deveria ser a pessoa que conhece as melhores práticas, em especial quando se trata de educar os filhos. Eu quero ser o árbitro da superioridade moral. Não gosto quando um *aborrescente* aponta meus defeitos egoístas. Nesses momentos – com as bochechas vermelhas, gotas de suor na nuca, mãos meio trêmulas –, penso no Zeus da mitologia grega*. Ele costuma ser descrito como um autoritário. Implica com a esposa, Hera, e com os filhos.[2] Em uma história, seu filho Hefesto tenta intervir numa discussão familiar e Zeus enlouquece. Ele agarra o garoto pelo tornozelo e o arremessa do monte Olimpo. Hefesto despenca por um dia inteiro, até que cai na Ilha de Lemnos.

Meu filho se recupera de meus chiliques irracionais como Hefesto se recuperou de sua queda. Claro, Hefesto é imortal, mas ele não é imune a ferimentos permanentes. Seu corpo está agora desfigurado. Ele anda mancando, coxeando pela eternidade. A história pode ser entendida como uma metáfora de como as pequenas ações autoritárias de uma figura paterna podem causar danos emocionais duradouros. Ela nos diz que as lições muito rígidas que tentamos ensinar a nossos filhos não funcionam; elas ferem. É por isso que Hefesto eventualmente se

---

* Atualmente, a maioria da população grega considera-se cristã ortodoxa, porém, o helenismo, como é chamada a prática politeísta com origem na Antiguidade grega, vem aos poucos ganhando grupos e adeptos, tanto que, em 2017, o governo grego reconheceu o movimento como grupo étnico. (N. do E.)

muda para as profundezas de um vulcão, forjando lá os raios que Zeus lança em sua fúria infame. É simbólico. O filho pode parecer satisfeito, mas vive um destino trágico. Ele cria objetos de habilidade incomparável: armas e armaduras de deuses e heróis. O talento artístico é tamanho que leva Homero a gastar 150 linhas da *Ilíada* para descrever o escudo de Aquiles: "pesado e enorme, cada centímetro seu é projetado de maneira intrincada... brilhando como o raio".[3] Assim como muitos *workaholics* modernos, Hefesto está sempre tentando provar seu valor; seu trabalho e sua dedicação estão perversamente ligados ao trauma que sofreu nas mãos de um pai irado.

Agora estou imaginando meu filho, crescido, mancando em silêncio num escritório ou numa fábrica enquanto tenta ganhar minha aprovação. Isso parte meu coração. Eu guardo meu livro e dou a ele toda atenção. Muitas pessoas podem pensar que é a decisão errada. Elas veem a história de Hefesto, assim como outros exemplos do temperamento tirânico de Zeus, como uma validação da autoridade que pais humanos frequentemente exercem sobre suas famílias. Elas argumentam que as façanhas de Zeus são evidências de que o poder patriarcal absoluto é uma força arquetípica essencial que foi associada à paternidade e à masculinidade desde tempos imemoriais. Elas enxergam a mitologia grega como prova de que o Pai deve ser um disciplinador inflexível, mas esses pontos de vista estão errados. Primeiro, o precedente mitológico é uma justificativa bem ruim para comportamentos modernos. De modo mais específico, essa perspectiva representa um entendimento tendencioso dos raios intimidantes de Zeus. Cuidado com interpretações como esta, que sobrepõem a lógica do monoteísmo eurocêntrico ao politeísmo helênico. Você não pode se apropriar dos artefatos antigos de um sistema religioso para validar as inclinações patriarcais de outro.

Zeus e seus raios não são evidência de que a dominância patriarcal "masculina" é uma parte legítima e natural da experiência humana. O panteão grego não exemplifica esse tipo de monarquia única. "Zeus se coloca acima dos outros, pois a ideia arquetípica de unidade se apresenta como primeira, superior, progenitora", escreveu James Hillman, o psicólogo arquetípico americano. "Mas Zeus é apenas um entre seus iguais."[4] Cada um dos imortais do Olimpo tem sua soberania especial. Cada um tem seu objetivo próprio, sua própria tonalidade energética, sua própria área de poder. Zeus é a divindade que às vezes demonstra uma inclinação para a força tirânica. Ele se vê como o soberano autocrata dos deuses, mas os antigos humanos que escreviam as histórias não o viam assim.

Nos textos deles, não há uma competição para escalar a estrutura corporativa do Olimpo; nenhum outro deus desafia as regras de Zeus. Ainda assim, nada o aterroriza mais do que a ascendência homicida. É por isso que ele sempre defende seu status. Assim, ele lembra um pouco um banqueiro novato de Wall Street – vestindo um terno feito sob encomenda brilhante demais e uma cintilante gravata grená de seda, gabando-se das conquistas de macho alfa que o resto de nós não acha nada impressionante. De forma semelhante, os outros olimpianos não estão interessados no domínio de Zeus. Eles estão focados demais em formas alternativas de poder. Sabem que a vontade do comandante nem sempre reina suprema. Na verdade, existem muitos mitos em que o amor narcisista de Zeus pelo poder autocrático se torna sua falha mortal. Ele às vezes é ludibriado por Atena ou seduzido por Afrodite. Isso porque Zeus não é o modelo em que os humanos deveriam basear seus critérios de bom comportamento. Os gregos antigos não tinham adesivos de para-choques dizendo "O que Zeus faria?". Não, ele é um alerta, um símbolo que nos relembra o quanto pode ser perigoso depender exclusivamente do poder que vem de lançar raios.

Não que raios não tenham seu lugar. Afinal, para um pluviófilo, eles são extasiantes e calmos. O popular budista vietnamita Thich Nhat Hanh os evoca quando ensina sobre o poder do silêncio, a escuta compassiva: "Existem momentos em que o silêncio é a verdade, e isso é chamado de 'silêncio trovejante'."[5] Claramente, existem qualidades positivas e negativas relacionadas com raios. Para ser um pai feminista, você precisa identificar as coisas boas e estar atento às ruins.

De uma perspectiva mitológica e poética, raios podem representar nossa capacidade de tomar decisões singulares e pontuais. Os raios de Zeus podem ser uma metáfora para ações fortes, claras e determinadas. Ele é um líder, um executivo que pode encontrar problemas e resolvê-los de forma rápida. Por favor, não conclua que esses traços positivos sejam características inatas da paternidade ou da masculinidade. Os gregos antigos viam atributos análogos a Zeus como uma escolha universal – às vezes necessária e inevitável –, não uma predisposição intrínseca exclusiva a uma certa categoria de pessoas. Claro, Zeus favorecia alguns heróis, porém o mais comum era seus favores trazerem tragédia.

Lembre-se: os gregos antigos tinham muitos deuses, e muita atenção dada ou recebida a qualquer um dos imortais era considerada problemática. Era como uma maldição. Em tempos modernos, psicólogos arquetípicos enquadram esse problema como a "falácia do ego".[6] É o que acontece quando nos identificamos demais com uma figura mitológica. Entenda que, no pensamento junguiano clássico, cada personagem de um mito representa um ponto de vista cognitivo ou um temperamento emocional distinto. As histórias descrevem como energias ou complexos psicológicos interagem de maneiras diferentes entre si. Como os seres coloridos da animação *Divertida mente* (2015), da Disney Pixar, as personagens nos mitos são personificações de desejos internos, humores, complexos e disposições mentais. Portanto, uma das mensagens que você pode inferir interpretando a maioria dos mitos gregos antigos desta forma, é que o excesso ou a escassez de uma determinada voz é algo problemático.

O bem-estar psicológico requer que as forças interiores cooperem, que tomem decisões por consenso, que estejam igualmente representadas. A falácia do ego é o que acontece quando uma voz interior se torna dominante – quando ela define a identidade do indivíduo. "Não apenas essa identificação 'egotiza' uma das figuras em um mito", escreve Michael Vannoy Adams, professor da Universidade de Nova York e analista junguiano, "como também tende a normalizar essa figura e a patologizar as outras figuras."[7] O que ele quer dizer é que essa falácia nos faz acreditar que um conjunto de atitudes e comportamento é certo e adequado, enquanto todos os desvios desse conjunto são errados e inadequados. Analise essa lição no contexto das figuras paternas. Ela nos diz que uma parte importante de se tornar um pai feminista é aprender a evitar uma falácia do ego. Seja cauteloso para não se identificar demais com algumas expressões da já conhecida persona de pai. Não se inspire em uma única imagem de figura paterna abrangente, absoluta e imutável. Essa é a própria definição da autocracia da falácia do ego.

A autoridade patriarcal "masculina" – guarnecida de dominância, violência e raios – não é algo universal e inato, e todas as potenciais alternativas não são patológicas. Essa é a falácia que as pessoas estão tentando sustentar toda vez que dizem que "uma criança precisa de uma influência masculina forte em suas vidas". Querem nos fazer acreditar que um crescimento saudável depende de força paternal tóxica, que qualquer coisa não ortodoxa prejudicará nossas crianças. Um pai feminista sabe que isso não é verdade. Você pode, e deve, fazer escolhas diferentes. Reconheça que pode ser um líder, um chefe e até disciplinador algumas vezes; mas você não deve ser nenhuma dessas coisas o tempo todo. Avalie a situação específica em que se encontra, analise o contexto e invoque a divindade, o temperamento ou a voz interior mais apropriada à tarefa em questão. Em outras palavras, seja sensível.

EXECUTE

Para ser um pai feminista, você precisa abandonar a noção singular de autoridade patriarcal "masculina" e substituí-la pelo conceito multifacetado e polivalente de responsabilidade humanista, sem gênero. Para entender o que isso implica, leve em conta as diferenças básicas entre autoridade e responsabilidade.

Autoridade trata de poder. Responsabilidade trata de dever. A autoridade com frequência é contundente e coercitiva. A responsabilidade, como Stephen Covey, o guru superastro da autoajuda, sugere, é tão somente o que parece: ser capaz de responder.[8] Um pai não deve ter autoridade sobre sua família; deve ter a habilidade de responder por eles.

Todas as pesquisas mostram que uma criação empática e centrada nos filhos é mais eficaz do que uma rígida e disciplinadora. Tudo o que você ouviu falar sobre *mindset* fixo e *mindset* de crescimento, motivação intrínseca contra extrínseca e reforço positivo contra negativo aponta para esse rumo. Cenouras funcionam melhor que o chicote. Surras causam mais mal do que bem. A vergonha leva a traumas psicológicos duradouros. Punições do tipo suspensão de privilégios e proibição de sair de casa são eficazes apenas como intervenções, não como um jeito de encorajar mudança comportamental duradoura. O velho método de criar de filhos com base no medo não funciona. Você e eu nos saímos bem, apesar – e não por causa – das constantes broncas e ocasionais tabefes. Nem todo mundo teve tanta sorte. É hora de os pais abandonarem a força física e a coerção emocional como escolha padrão e adotarem uma abordagem mais responsiva. O maior desafio será abandonar o estilo paternalista de aconselhamento do "papai sabe tudo". Nós, pais, devemos reconhecer que, às vezes, damos conselhos de um jeito que menospreza as capacidades da criança e passa a mensagem errada sobre competência e experiência. Em vez disso, esteja presente, ouça e apoie a jornada única de seus filhos. Ser responsável significa desfilar habilidades criativas de solução de problemas, humildade intelectual, uma concepção fluida de maturidade e comprometimento com o aprendizado vitalício.

Mas se tornar um pai feminista é muito mais do que apenas técnicas que os adultos devem usar para motivar as crianças. Também se trata de mudar a mentalidade e abordar a identidade paterna por uma perspectiva antissexista. Como os homens podem ser figuras paternas melhores afastando-se de padrões habituais de pensamentos patriarcais? A resposta está além do discurso popular sobre ser um homem bom. É óbvio que menos perseguição paterna significa menos masculinidade tóxica, mas a transição da autoridade para a responsabilidade envolve muito mais do que jargões populares e diagnósticos dignos de virar *hashtag*. Requer também que se reconheça um apego à força coercitiva que permeia sutilmente a maior parte do nosso pensamento. Temos que abrir mão dela, mas fazer isso é desafiador porque, como explicarei nas próximas páginas, admiramos a mentalidade patriarcal de maneira tão profunda que ela acaba informando de maneira equivocada muitos dos pontos de vista que normalmente consideramos ser bons, compassivos e transformadores. Portanto, mesmo quando tentamos fazer a coisa certa, com frequência vacilamos.

Enquanto seguimos com nossa vida diária, uma profunda reverência por características e traços de personalidade autoritários moldam nossa concepção do eu individual. Ela permeia nossa literatura de psicologia popular, autoajuda e produtividade e basicamente define a forma como pensamos sobre capacidade, autonomia e desenvolvimento pessoal. Isso é um problema enorme, pois significa que os pais estão recebendo mensagens conflitantes. Costuma-se dizer aos pais de hoje – até mesmo neste livro – que eles têm uma obrigação moral e ética de abandonar o estoicismo sexista* do pai dos seriados de 1950. Diga adeus ao simbolismo edipiano de ascendência assassina; rejeite a imagem de masculinidade madura como sendo necessariamente contida e impenetrável; e interrompa a expressão inconsciente (e às vezes consciente) contínua da homofobia e da misoginia. Isso tudo é ótimo! O problema é que os pais são ao mesmo tempo bombardeados com outro tipo de discurso sutil e codificado. Está na televisão e na internet, nas escolas e no trabalho, nas revistas e outdoors. A cultura popular, com frequência, celebra a ideia de que todos, independentemente de gênero, precisam personificar os padrões da autoridade paterna à moda antiga. Lance raios! É a receita do sucesso.

Pense em como celebramos o comportamento tirânico de líderes empresariais famosos. O fundador da Apple, Steve Jobs, por exemplo. Nós o chamamos de visionário, glorificando sua

---

* "Estoicismo sexista" refere-se à imagem de alguém que é indiferente a dor, prazer, tristeza ou alegria. Refere-se a uma pessoa que reprime seus sentimentos ou resiste pacientemente a eles, mostrando-se ser "durão" ou "não sentimental". (N. do E.)

persistência ditatorial, sua atitude inabalável e resistência feroz a opiniões contrárias. Esse aceno desejoso ao domínio predatório não é exclusivo do mundo corporativo. É comparável a nossa admiração por atletas durões e problemáticos. Pense no zagueiro Dick Butkus, astro da NFL ("cada vez que ele te acerta, é uma tentativa de te mandar pro cemitério, não pro hospital")[9], a lenda do tênis John Mcenroe (ele foi continuamente multado e suspenso pela linguagem raivosa e pesada que usava para contestar a decisão dos árbitros) ou Bobby Clarke, o emblemático jogador da NHL (a infame pancada com o taco de hóquei no tornozelo de Valeri Kharlamov, o jogador soviético, na Summit Series de 1972 fala por si). Você vê as mesmas características exibidas por várias celebridades, músicos, políticos e empreendedores. Com frequência, as pessoas tentam justificar o comportamento deles com a expressão "sobrevivência do mais forte". Elas querem defender que a tendência de dominação é uma inevitabilidade biológica, mas como explica a autora Emily Willingham: "[a] psicologia evolucionista, quando tomada com a falsa doutrina de que a evolução é ligada a 'ganhar', oferece o disfarce perfeito para esses aspirantes e uma ferramenta ideal para perpetuarem a si mesmos como 'vencedores'".[10] É puramente dogma e retórica. A verdade é que a reprodução bem-sucedida – ou seja, a transmissão do DNA de acordo com a teoria de Darwin – também funciona na criação dos filhos: os melhores resultados têm muito mais a ver com adaptabilidade do que com autoridade e força.

É certo que nossa contínua veneração por vitórias em que vale tudo e os fins justificam os meios contradiz a mensagem antipatriarcal que deveria estabelecer o critério do que é ser um bom pai hoje. Essa ambiguidade encaminha pais bem-intencionados para a frustração e o fracasso. Qualquer tentativa que eles façam para mudar as posturas profundamente enraizadas da consciência patriarcal se torna repleta de confusão. Por quê? Porque até mesmo aqueles que conseguem evitar os comportamentos e atitudes associados à masculinidade tóxica continuam apegados a uma definição intrinsecamente violenta e autoritária de autonomia e livre-arbítrio. Ainda pior: como a maioria das pessoas mal reconhece em si mesmas essas características prejudiciais, falta aos pais o vocabulário necessário para resolver tensões de maneira proativa. Então, vamos examinar esse dilema da figura paterna mais detalhadamente.

Críticos, jornalistas, acadêmicos e autores apontam cada vez mais para mensagens patriarcais problemáticas, porém, uma reverência evasiva a certas características psicológicas da força paternal continua a passar despercebida. Para notar isso, comece procurando a definição de *autoridade*. A palavra literalmente significa que um indivíduo tem as prerrogativas para ser um autor. Eu sei que não é assim que costumamos usá-la. Na maioria das vezes, pensamos em autoridade em termos de poder e obediência. A associamos a um tipo de força – o ato de dar ordens ou demandar respeito. Talvez você imagine um general, um treinador nervoso ou um professor rígido. Mesmo esses exemplos estão conectados à autoria, e não apenas no sentido de considerarmos um escritor como "uma autoridade" no assunto que aborda. Basta olhar para a história dessa palavra. A conotação hierárquica familiar vem da Europa do século XII, aproximadamente a mesma época em que a humanidade inventou o moinho (veremos mais sobre isso depois). Naquele tempo, "autoridade" referia-se à ideia de que certos livros ou passagens de texto – em geral, escrituras – eram fidedignos. Isto é, eram supostamente escritos pelo próprio Deus. Ele era o autor e, portanto, as palavras na página ditavam detalhes verdadeiros e incontestáveis sobre tudo o que havia sob o sol.[11]

A vida das pessoas era construída em resposta às imagens e cenários contidos em capítulos divinos, versos, sentenças e estrofes. Óbvio, com frequência era necessária uma interpretação – o que é tecnicamente chamado de exegese bíblica –, mas, depois disso, esperava-se que todos cumprissem as palavras celestiais. Na maioria do tempo, as pessoas cumpriam com gosto, mas você já pensou alguma vez no motivo? Certamente não é porque o camponês medieval era mais obediente do que a média dos indivíduos hoje em dia; eles não eram mais estúpidos, mais ingênuos ou menos rebeldes. De certo, era porque, antes do Iluminismo, as pessoas pensavam que contradizer a autoridade bíblica era como quebrar uma lei da natureza. Para eles, a doutrina religiosa não era uma sugestão. Eles não a viam como a maioria de nós a vê no mundo secular: uma recomendação de como levar uma vida moral. Pelo contrário: seguiam as regras porque os textos religiosos oficiais afirmavam descrever fatos fundamentais sobre o universo.

Quando se tratava de autoridade bíblica no século XII, não obedecer às palavras escritas consistia numa aberração existencial, um crime contra a natureza do ser. Para um devoto verdadeiro vivendo nos anos 1100, um desvio das escrituras de autoria divina equivalia a como eu ou você – ou qualquer outro indivíduo vivendo nos tempos modernos – nos sentiríamos se encontrássemos um pedregulho que não estivesse sujeito à força da gravidade. Imagine você caminhando por uma trilha e encontra um baita pedaço de lazulita azul-escuro. Ela está misteriosamente suspensa no ar um metro, um metro e meio acima do chão. Misterioso. Intrigante. Fantástico. Eu acho que você não descreveria como algo do mal ou satânico, mas acharia a existência desse objeto desconcertante e desestabilizador. Suspeito que antes de abandonar tudo o que aprendeu nas aulas de física da escola, você tentaria primeiro explicar o motivo para esse objeto não aceitar as regras normais e conhecidas.[12] Talvez exista uma força magnética. Talvez seja apenas uma ilusão de ótica. Provavelmente não é um OVNI alienígena de outra galáxia. Nem uma esfera profética enviada com uma mensagem de Zeus no Olimpo. Você se mantém comprometido com os fatos fundamentais da sua visão científica de mundo, mesmo quando confrontado com alguma coisa que a contradiz abertamente.

Lembre desse pedregulho azul, das verdades que você aceita de imediato e da relutância em ponderar um ponto de vista diferente toda vez que ler a palavra *autorizar*. Nem sempre ela significou dar permissão; já quis dizer atestar ou certificar a verdade do universo. O poder de autorizar alguma coisa equivalia a ditar a própria realidade. Recaía nas mãos de monarcas, governantes e clérigos – os patriarcas. Para nós, que vivemos numa era em que a realidade via de regra é estabelecida de maneira empírica, pode soar absurdo e datado que, em numa época passada, alguém podia apenas anunciar a verdade e todos os outros aceitavam; no entanto, em alguns sentidos, a autoridade continua a funcionar exatamente assim, e não só nas bocas de possíveis autocratas políticos. Isso está até mesmo em nossas fantasias futuristas mais inovadoras. Pense em Patrick Stewart como o capitão Jean-Luc Picard, em *Jornada nas estrelas: a nova geração*. Enquanto dá uma ordem peremptória para preparar a nave Enterprise para a dobra, ele aponta o dedo e diz seu famoso bordão: "execute!". Ele não está apenas autorizando o uso de uma poderosa tecnologia, mas também declarando seu direito de ditar a realidade, de fazer algo acontecer.

Picard é uma figura paterna. Toda a tripulação da nave o admira. A equipe da Enterprise é como uma grande família e Jean-Luc senta-se à cabeceira da mesa de jantar. Seu bordão reforça essa realidade paternal, mas você sabia que a expressão que ele usa não é exclusiva de *Jornada nas estrelas*? "Execute" foi um comando dito regularmente pelos oficiais da marinha inglesa por séculos. Suspeito que seja inspirado no livro de Gênesis. Deus fala, mandando a água se separar do céu, o oceano da terra, a noite do dia e, a cada vez, o mesmo refrão: "e assim foi".[13] O pai sagrado assim fez e suas ações vieram a exemplificar a autoridade patriarcal tradicional.

Pense que a palavra "executar" traz de modo sucinto as suposições implícitas que definem o poder coercitivo: um progenitor superior tem o poder de autorizar a realidade – declarar a verdade, determinar valor, estabelecer significado e obrigar os outros a aceitar seu julgamento. Além disso, "executar" aponta para um fenômeno que não apenas está no centro de como imaginamos figuras paternas, mas também em nosso entendimento predominante do que significa para qualquer um (independentemente de gênero) considerar-se um indivíduo maduro e autônomo.

A palavra *autonomia* vem da mesma raiz de *autoridade* (αὐτός/*autos* significa "eu"). Ela descreve liberdade pessoal ou livre-arbítrio individual, mas normalmente usamos o termo em referência à independência psicológica, pegando emprestada uma ideia a princípio articulada pelo filósofo Emmanuel Kant (1724-1804). Será que suas ações e escolhas são determinadas por você, ou seriam elas afetadas por forças externas como pressão de seus pares, propaganda, doutrina religiosa, regras governamentais ou expectativas familiares? Para Kant, você não era autônomo a não ser que estivesse livre de influências externas. Nosso entendimento contemporâneo de autonomia ainda é baseado nas ideias de Kant.[14] Pense que a maioria de nós acredita que temos um verdadeiro eu. Todos imaginamos alguma variação de uma voz interior pura que pode, e deveria, averiguar a verdade. Ou ainda: nós acreditamos que cada indivíduo deveria ter a liberdade de enquadrar uma visão subjetiva da realidade que esteja alinhada com quem ele é no fundo de seu ser. Você conhece os memes das mídias sociais: *Somos constantemente convidados a ser quem somos! Você não pode mudar o que acontece ao seu redor até mudar o que acontece dentro de você. Não seja "a maioria das pessoas".*

Por essa perspectiva, ser saudável é ser capaz de identificar sua própria verdade, seu desejo singular, e ser realizado é ter o poder de torná-lo realidade. O problema – se você quer ser um pai feminista – é que essa visão de autonomia está enraizada na *autoridade patriarcal narcisista*.

AUTORIDADE PATRIARCAL NARCISISTA

Era uma vez um velho pai que tinha três filhos. O pai estava doente, talvez moribundo. Talvez ele tenha tido um sonho profético. Ele convocou os filhos.

Quantos contos populares famosos começam assim? Pelo menos cinquenta ou sessenta só na coleção dos irmãos Grimm.[15] Tem alguma coisa no tema dos três filhos que o tornou especialmente popular entre os contadores de histórias de gerações antigas. Tem a ver com a forma como eles viam a autoridade paterna. Como você perceberá, a visão deles influenciou nossa maneira de pensar hoje sobre autonomia psicológica. Perceba que o pai está sempre no centro desses contos de fadas. Pode parecer que essas são histórias sobre os três filhos, porque o Pai passa a narrativa inteira no leito de morte, mas é ele o autor de toda a aventura. É exatamente como o monomito de Joseph Campbell, que parece ser sobre o herói, mas se trata da forma como um filho assume seu merecido lugar de figura paterna. Tanto a jornada do herói quanto o tema dos três filhos falam sobre propriedade, legado, poder e identidade; portanto, são histórias sobre autoridade patriarcal narcisista.

Eu defino a *autoridade patriarcal narcisista* como a pressuposição, tomada como fato, de que pais têm o poder de determinar a realidade narrativa capaz de influenciar todos ao seu redor. A vida do pai é a principal, ele autoriza a história, ele enquadra a verdade. Portanto, suas interpretações subjetivas moldam as experiências psicológicas e somáticas de todos os outros. Mas, é claro, a autoridade patriarcal narcisista do pai não está sempre explícita. Todos podem sentir como se estivessem fazendo escolhas autônomas. O pai pode até fazer um esforço extra para encorajar os membros da família a serem independentes e empoderados. No entanto, o viés implícito pende para o pai. Ele não responde às circunstâncias; ele dita as circunstâncias. Como o Deus do Antigo Testamento, ele decide o que é escrito no livro da vida da família. Ele autoriza tudo, e seu direito de fazê-lo não está apenas no cerne de sua identidade, mas também entranhado em nossas suposições culturais sobre a organização "correta" de um lar.

Como Friedrich Engels argumentou certa vez, a autoridade patriarcal e o regime de propriedade foi o que motivou o desenvolvimento de casais monogâmicos e as convenções independentes de como criar filhos que acompanham esse modelo de organização familiar desde o início. Engels apontou que o sentido original da palavra *família* tem pouco a ver com afeição, comprometimento ou sentimentalismo. "*Famulus* significa escravo doméstico, e *familia* é o número total de escravos pertencentes a um homem".[16] Isso é bem diferente da união leal e do amor incondicional que as *sitcoms* americanas sobre a família contemporânea tendem a celebrar, mas se alinha de maneira perfeita com as historinhas de ninar que contamos para nossas crianças.

O conto "As três penas", dos irmãos Grimm, começa assim: "Quando o rei se tornou velho e fraco e estava pensando em seu fim, não sabia qual dos seus filhos deveria herdar o reino."[17] Deveria ser o mais velho? O mais sábio? Ele é esperto porque lê os livros certos. Ele é racional. Ele entende as nuances da governança, lei e ordem. Ele não é seduzido por fantasias idealistas, mas o rei sabe que a prudência de seu filho mais velho pode ser também um risco. O mais sábio é muito avesso a riscos – tem medo de mudança, é conservador, inflexível. Talvez essa não seja a melhor qualidade para um monarca. Talvez o filho do meio seja uma escolha melhor. Ele é esperto. Ele é bom com dinheiro, um grande investidor, oportunista. Ele sabe como proteger suas apostas. O reino, com certeza, expandiria em riquezas e territórios em seu reinado. Ainda assim, o Pai está hesitante, porque reconhece que o filho esperto pode agir com a cabeça quente, convencido de seu próprio mérito, sem muita compaixão para com os camponeses. Como se isso não fosse complicado o bastante, o rei também quer levar em consideração o filho mais novo, por quem sempre teve uma afinidade especial. O caçula é diferente, é um estranho, uma ovelha negra, um patinho feio – teimosamente único. Ele é tão comprometido com o não conformismo que pouco fala com outras pessoas. Dependendo de seu ponto de vista, isso tanto pode significar que ele é criativo e recluso, como estúpido e socialmente inapto. Então, o Pai, em seus piores dias, acaba descartando o terceiro filho como um preguiçoso simplório. A psicóloga suíça Marie-Louise von Franz chamou esse personagem arquetípico de "herói tolo".[18]

Von Franz foi uma das mais famosas analistas junguianas de todos os tempos, tendo trabalhado com Carl Jung em pessoa. Famosa por seus livros e palestras sobre o simbolismo psicológico dos contos de fadas, ela não os vê como bobagens infantis. Em vez disso, aborda-os como se fossem os sonhos coletivos da Europa medieval. Ela escreveu: "Contos de fadas são a forma mais pura e simples de expressão dos processos psíquicos do inconsciente coletivo". Ela defende que, pelas histórias populares emergirem com o tempo – sendo casualmente contadas às crianças em casa –, elas são um tipo de artefato psicológico espontâneo e desinibido. "Elas representam os arquétipos da forma mais simples, nua e concisa."[19] Essa perspectiva faz sentido quando você entende que Jacob e Wilhelm Grimm não foram os autores de seus famosos contos. Não, eles vagavam pelo interior, coletando-os e registrando-os. São as histórias do povo, histórias orais que vêm sendo adaptadas por gerações. Em cada repetição, apenas certas imagens e elementos da narrativa seriam preservados – apenas aquilo que apoiasse as vontades, ansiedades, desejos e inquietudes das famílias e comunidades que continuavam a contar a história. É por isso que essas histórias deveriam nos interessar. Elas podem nos contar como alguns hábitos inconscientes de nossa mente passaram a existir – em especial nossa inclinação à autoridade patriarcal narcisista.

Analise "As três penas" sob uma perspectiva junguiana. A ambientação de uma história sempre simboliza um jeito psicológico de ser. O estado do reino equivale ao estado da mente e, já que os monarcas são a personificação do reino – a personificação de um estado político –, um rei velho e moribundo representa uma mentalidade doentia e instável. Portanto, contos populares como esse parecem se ocupar do que acontece quando a atitude cognitiva primária de alguém se torna sintomática e degenerativa.

Como agimos quando formas antigas de pensar se deterioram? O que fazemos quando velhos alicerces psicológicos já não oferecem a estrutura adequada para uma existência significativa? Quando eles morrem? Quando a autoridade deles desaparece? Quando precisam ser substituídos? É quase como se essas histórias fossem desenvolvidas para descrever a situação exata em que os pais de hoje se encontram, mas, como você logo verá, a solução que passamos a considerar normal e saudável é inadequada para o momento cultural atual.

Eis o que acontece: o rei sabe que está na hora de uma mudança e olha para o menu de opções à sua frente. Ele vê seus três filhos. Cada um representa uma mentalidade jovem diferente, uma visão particular de mundo, uma disposição cognitiva e emocional. Ele tem três opções tão previsíveis, tão arquetípicas, que, quando leio, não deixo de pensar sobre como crescer com dois irmãos mais velhos. O sábio, o esperto e o simplório: somos nós! Incorporamos os mesmos três temperamentos que aparecem em contos e mitos em diferentes culturas e ao longo da história. Você pode até mesmo encontrar estudos científicos modernos sobre irmãos que às vezes confirmam e às vezes refutam o impacto da ordem do nascimento – sua influência sobre o sucesso, a realização, a inteligência e a confiança. Pense em irmãos famosos em filmes e seriados de família; eles sempre exibem as mesmas características, na mesma ordem. Padrões recorrentes como esse podem ser bem persuasivos, fornecendo máscaras que, de maneira inconsciente, moldam nossa vida. Infelizmente, essa é uma das formas em que somos guiados (ou, talvez inconscientemente, guiemos a nós mesmos) a, de modo involuntário, viver roteiros que reforçam a autoridade patriarcal narcisista.

Para esclarecer isso, voltemos à história. O rei intuitivamente compreende que passar a coroa é encontrar um novo estado de espírito, uma nova forma de consciência para todo o reino, mas isso provoca ansiedade no Pai. Ele não consegue se decidir qual filho exemplifica o caminho certo. Como poderia? É impossível. Todos nós conhecemos a famosa citação: "Não podemos resolver problemas usando o mesmo raciocínio que utilizamos quando os criamos". Essas palavras são erroneamente atribuídas a Albert Einstein, mas ele nunca as disse; elas são apenas sabedoria popular, distribuídas em memes de redes sociais e reforçadas pela imagem gabaritada do cérebro de Einstein.[20] Mesmo assim, elas expressam bem o dilema inerente a uma crise paradigmática. O que você faz quando uma perspectiva desmorona e uma nova precisa substituí-la? Métodos, procedimentos, fórmulas e critérios para solucionar esses novos quebra-cabeças ainda não foram estabelecidos.[21] O problema *é* a solução de problemas. Então o que o rei faz? Ele deixa a cargo do destino. Ele sopra três penas no ar e diz: "Na direção em que elas voarem, é para onde vocês vão".

É presságio – como jogar uma moeda, lançar dados ou girar uma roleta. Na nossa época, apostar é comumente visto como uma tentação pecaminosa, mas jogos de azar têm uma longa história de associação com adivinhações proféticas; eles já foram considerados uma forma empírica de revelar a autoritária vontade de Deus. É isso que acontece nessa história; o resultado é sancionado pelo santo pai em pessoa. Como se fosse o destino manifesto, uma pena vai para direita, outra vai para a esquerda e a terceira cai no chão. O irmão sábio e o irmão esperto seguem o rumo de suas penas. O herói tolo fica perturbado. "Ele sentou-se e ficou triste. Então viu que havia um alçapão perto da pena."

Von Franz explica que o simbolismo do alçapão é duplo. Primeiro, o herói tolo é o único filho humilde e sem sofisticação para descobrir o caminho escondido bem embaixo de seu nariz.

Ele não tem ideias preconcebidas ou expectativas sobre como as coisas devem acontecer. Ele não está comprometido com o velho paradigma. Ele não é sábio o suficiente para ser cegado pelo conformismo. Ele não é esperto o bastante para estar em busca de oportunidades. Sua ingenuidade constitui um tipo de autonomia sem compromissos como aquela descrita por Emmanuel Kant. Consequentemente, ele é bastante apropriado para receber a posição de autoridade no trono de seu pai. Em segundo, por ser uma passagem subterrânea, Von Franz diz que o alçapão representa uma viagem até as profundezas do inconsciente. O mais importante para nós: ela compara esse espaço subterrâneo com a "feminilidade". Pense na Mãe Terra. O alçapão expõe um túnel que desce até uma caverna de gestação fértil. Von Franz vê isso como um simbolismo uterino. Algo está prestes a nascer.

Para ser claro, em geral tenho problemas com o modo como os junguianos usam um essencialismo de gênero para descrever complexos psicológicos. Eu estremeço toda vez que ouço pessoas *new age* falando sobre as energias do divino feminino e do divino masculino. *Homens penetram, mulheres acolhem. Ser masculino é invadir e infiltrar, ser feminino é segurar e envolver.* Parece-me que catalogar esse tipo de inclinação psicológica ou imagem arquetípica de acordo com gênero apenas reforça falsas deduções sobre as diferenças inatas entre *dois* tipos anatômicos – o que não só fortalece as fundações sexistas para atitudes misóginas,[22] como falha em reconhecer que um binário simples não pode representar adequadamente o espectro total da diferença biológica (ou psicológica). Pense nisso desta forma: o alçapão em "As três penas" pode ser mesmo um símbolo de potencial cognitivo, criativo e imaginativo – a habilidade de inovar, trazer algo novo à existência. Qual o benefício de pensar nesses atributos como algo inerentemente masculino ou feminino? Eu não vejo nenhum. Contudo, neste caso, vou colocar minhas reservas de lado porque a história é de um tempo em que o simbolismo de gênero era a norma.

Note que não existe rainha nesta história. Isso era bem padrão para contos de fadas: existem montes de madrastas más e rainhas más de coração gelado, mas não muitas boas mães. Por que elas estariam envolvidas? Essas histórias, na verdade, são sobre pais e sua autoridade patriarcal narcisista, então a mãe é irrelevante. Em "As três penas" não existe nem uma princesa. Todos os personagens relevantes são masculinos. O motivo, de acordo com Von Franz, é que é uma história sobre a psicologia masculina doentia. O reino está deteriorando porque os assim chamados aspectos femininos do ser não estão bem integrados. É a mesma mensagem arquetípica que está no centro das *Diretrizes para prática psicológica em garotos e homens*, da APA. Se Von Franz escrevesse em termos contemporâneos, talvez dissesse que a história aborda como é necessário para o homem abrir mão de atitudes e comportamentos associados com a masculinidade tóxica. Talvez dissesse que os homens precisam se livrar da armadura rígida e defensiva da masculinidade e aderir a formas de ser mais suaves, gentis e vulneráveis. Nitidamente, esta não é uma retórica única da era do #MeToo[*]. Os junguianos já conversavam sobre isso em meados do século XX, então por que fizemos tão pouco progresso? Talvez porque naquela época, como hoje, as pessoas raramente levam em conta a autoridade patriarcal narcisista.

Para fazê-lo, veja como a história termina. O herói tolo encontra uma noiva no fim do túnel do alçapão. É uma rãzinha

---

[*] O movimento #MeToo surgiu em 2017, após as acusações de abuso sexual feitas contra o produtor e magnata de Hollywood Harvey Weinstein. A campanha ganhou força conforme pessoas de toda a indústria cinematográfica, celebridades ou não, aderiam a ela, reivindicando maior visibilidade às vítimas de assédio e abuso sexual. (N. do E.)

que se transforma numa linda mulher. Von Franz vê as rãs como símbolos da "Mãe Natureza", uma personificação do útero.[23] Mas eu acho que pode ser outro exemplo daquele simbolismo anfíbio, reptiliano, que havia no carrinho do meu filho bebê! Afinal de contas, a rã é um metamorfo, um híbrido. Não só pode atravessar as barreiras aquática/terrestre, mas também pode mudar de sexo; ela pode mudar seus cromossomos, presumidamente para manter continuidade genética e evolucionária. É certo que existe algo sobre gênero e sexo aqui, mas eu não concordo com o ponto de vista de Von Franz. Ela disse que a união do herói tolo com a noiva-rã significa um reino devolvido à sua tranquilidade. Pela sua perspectiva, a moral da história é que uma psiquê individualizada de forma saudável equilibra energias masculinas e femininas. Eu acredito que a verdade é bem mais sinistra.

Claro, a ideia de uma psiquê desequilibrada cuja ordem é restabelecida por meio de uma união simbólica heterossexual é comum. Pense nos contos de fadas mais conhecidos de princesas. Eles sempre terminam com um beijo, um noivado ou um casamento. Muitos críticos reclamaram desses finais "felizes para sempre", notando que as princesas da Disney são definidas pelo seu desejo de serem salvas pelo jovem e belo príncipe. Elas não têm livre-arbítrio nem autonomia. Fico grato que as pessoas reclamem disso, mas eu não acho que estejam indignadas o bastante. Isso porque elas levam a história de forma literal demais. Elas veem a princesa como uma protagonista distinta – um herói em sua própria versão incompleta e tragicamente oblíqua do monomito de Joseph Campbell –, mas não é isso que ela deveria ser. Ao contrário, ela é uma voz interior: um aspecto do ser, um complexo personificado dentro da psiquê do rei, o reino do monarca. Nesse sentido, ela não passa de um adereço em uma alegoria psicológica misógina.

De certo que, em "As três penas", todo o propósito da noiva-rã é casar com o herói tolo, mas Von Franz entende uma coisa errada. Essa não é uma união; é uma aquisição. Isso não é amor verdadeiro; é um investimento financeiro. Na época em que os irmãos Grimm registraram a história – fixando sua forma atual –, o marido era proprietário de sua esposa e podia até mesmo anular o acordo caso ela não produzisse filhos. Sua função era fazer dele um pai. Em outras palavras, a história antecede nossa sensibilidade romântica moderna. Hoje, 90% dos cônjuges citam amor e companheirismo como motivações para se casarem.[24] Mas como a historiadora Stephanie Coontz explica, "até o século XVIII, a maior parte das sociedades via o casamento como uma instituição vital demais, no âmbito econômico e político, para ser deixada à livre escolha dos indivíduos. Especialmente se eles fossem basear sua decisão em algo tão irracional e transitório como o amor.[25] A ideia de conexão passional entre almas gêmeas pode ser um tema literário comum ao longo da história, mas não era considerada algo que acontecesse entre marido e mulher até tempos modernos. No passado, amor não tinha nada a ver com casamento. O amor verdadeiro era considerado catastrófico. Romeu e Julieta, Páris e Helena, Tristão e Isolda, Xá Jahan e Mumtaz Mahal, Alexandre I da Sérvia e Draga Mašin: amantes históricos eram tragicamente amaldiçoados porque a paixão atrapalhava a tomada de decisões práticas. O amor não era parte do caminho recomendado para o "felizes para sempre". Em vez disso, o dote era o caminho. O casamento, por meio do contrato, cimentava o poder, as alianças, a propriedade e a patrilinhagem da família. Essa era a chave para a realização e status social.

Portanto, Von Franz pode estar correta sobre a esposa-rã aumentar a capacidade do herói tolo de herdar o reino, mas seu casamento não é um símbolo de individualização psicológica no senso moderno e, por certo, não se trata de respeitar qualquer qualidade ou característica culturalmente associadas com mulheres ou com feminilidade. O foco é ajudá-lo a se tornar o pai-rei. Ele precisava ser proprietário de um útero antes que pudesse governar um reino, pois nada além da patrilinhagem importa aqui. Todos que não sejam a figura paterna são apenas um elemento suplementar em uma narrativa de autoridade patriarcal narcisista. Tudo converge em torno das necessidades do Pai, da história do Pai, da existência do Pai e da continuidade do governo patriarcal do pai.

É de se admirar, então, que pais criados com contos de fadas vissem a si mesmos como protagonistas autoritários, com o direto de determinar a direção da narrativa de sua família? Não. Eles são sempre imaginados como a unidade principal que organiza toda a nossa vida. Nós podemos imaginar nossos pais como um faz-tudo benevolente – sempre concertando e mantendo o amor e a santidade do lar –, porém, infelizmente, não podemos apenas dar um "execute" nesse desejo. Vivemos em um paradigma patriarcal que espera que o Pai, como rei e protagonista, seja um supremo manipulador.

GASLIGHTS E MOINHOS DE VENTO

Em tempos de #MeToo, falamos muito sobre *gaslighting*. Isso é bom, mas seria ainda melhor se reconhecêssemos como nossa reverência involuntária ao narcisismo paternal normaliza o gaslighting e nos condiciona a priorizar autoridade, em vez de responsabilidade.

O termo costuma ser usado para descrever uma forma de manipulação emocional ou psicológica. Vem de uma peça teatral, de

1938, chamada *Gas Light*. É a história de um marido, Gregory, que tenta convencer sua esposa, Paula, que ela está ficando louca. Ele pretende interná-la para poder roubar suas joias. Gregory muda os objetos da casa de lugar e finge que a culpa é dela por não encontrá-los. Ele vasculha o sótão atrás dos bens da esposa e, quando faz isso, toda a iluminação a gás da casa oscila e reduz. Quando Paula pergunta sobre as lâmpadas oscilando, Gregory diz que ela está imaginando coisas. Então, sugere que ela precisa descansar, porque claramente não está bem.[26] Suas mentiras e distrações são o modelo para o comportamento que os cientistas sociais chamam agora de gaslighting.

No uso atual, o gaslighting quase nunca descreve um exemplo tão extremo de coerção. Em vez disso, ele se refere ao modo como alguém (não necessariamente um homem cisgênero) assume o controle de uma narrativa interpessoal, destruindo a capacidade da vítima de ter uma perspectiva própria, insistindo que existe apenas uma versão plausível da história.[27] *Ela é louca. Você está mentindo. Não foi assim que aconteceu!* Cynthia A. Stark, professora-adjunta da universidade de Utah, descreve gaslighting como um "testemunho injusto", porque nega a validade do "testemunho de um indivíduo sobre um erro ou mal infligido a ele".[28] Por isso o termo é tão comumente usado em casos de violência sexual ou abuso; um perpetrador costuma fazer tudo o que pode para sugerir que a sua versão dos fatos é a única precisa. Claro que gaslighting não está sempre associado a abuso. Existem muitos outros exemplos mais comuns e cotidianos.

O gaslighting está por todo lado. Na maioria do tempo – já que a habilidade para se criar uma narrativa define a forma como pensamos sobre nosso poder de escolha – nós, sem querer, o celebramos como um indicativo de autonomia. É certo que esperamos isso dos pais. Podemos até não perceber, mas cada ato de autoridade patriarcal narcisista reforça a ideia de que gaslighting paternal não só é normal, como também a única forma para realmente ser um pai eficaz. O pai deve "executar". Combine isso com centenas, senão milhares de contos populares, histórias de ninar e mitos que contam uma história simbólica da transformação psicológica que converge em torno de um pai ou rei – um protagonista do tipo de Zeus – e, de repente, se torna claro que a capacidade de representar um tipo sutil de gaslighting permeia nossa concepção de individualidade.

Para entendermos uma narrativa problemática sobre autonomia e confrontar suas implicações, precisamos descobrir como essa lamentável verdade aconteceu. Para isso, viajaremos lá para o ano de 1637, quando o filósofo francês René Descartes escreveu seu famoso axioma: "Penso, logo existo" (*Cogito, ergo sum*).[29] Parece que todos conhecem essa frase, mas pouquíssimas pessoas realmente entendem por que ela foi tão importante para a "Idade da Razão". Descartes estava interessado em uma questão com a qual muitos de nós lutamos, em especial nas conversas existenciais tarde da noite durante nossos anos no colegial ou na faculdade. Há uma boa razão para isso acontecer nesse período, e pouco tem a ver com a tendência adolescente de fazer experiências com inebriantes. É porque a adolescência é o ponto crucial no duelo freudiano pelo status patriarcal. É quando nossa jornada do herói supostamente se inicia, quando começamos a nos ver como futuras figuras paternas praticantes de gaslighting e como potenciais autores dominantes das histórias que podem definir as experiências de nossos amigos e entes queridos.

A pergunta existencial com que Descartes e muitos adolescentes se debatem é esta: se todo mundo tem sua própria experiência subjetiva, por que a minha não pode ser a dominante? Afinal de contas, como podemos saber com certeza o que é real?

Será que o mundo ao nosso redor é algum tipo de simulação virtual ou sonho? Seria a minha percepção das cores igual à sua? Qual a diferença entre opinião e fato? Objetividade existe? Descartes tinha uma resposta para essas perguntas. Ele dizia que a única coisa de que podemos ter certeza é que a nossa consciência existe. Eu penso, portanto, existo. Tudo o mais requer algum tipo de investigação empírica.

Sua solução parece óbvia para nós porque estamos todos vivendo em um mundo pós-cartesiano, mas é difícil estimar o quanto a ideia de *Cogito, ergo sum* foi revolucionária na época. Ela caracteriza a era da modernidade. Até Descartes escrever seu *Discurso sobre o método*, muitos filósofos ponderaram a falta de confiabilidade da percepção humana, mas ninguém havia enquadrado toda a existência em um mundo interno e externo, uma realidade interna e externa com sucesso. Esse conceito é referido com frequência como o "dualismo mente-corpo" de Descartes ou, às vezes, ao "dualismo cartesiano". Por quê? Porque ele torna possível para nós reconhecermos a distinção entre o cérebro físico – um órgão tangível, uma parte material do corpo composta por células, sinapses e neurônios – e a mente, uma entidade abstrata que constitui a consciência, a senciência e o pensamento em si. Por essa perspectiva dualista, a mente está dentro do cérebro. Logo, o mundo pode ser dividido em domínios subjetivos e objetivos. O domínio subjetivo é aquele mundo privado das ideias, observações, opiniões, crenças e sentimentos com os quais todos estamos familiarizados. É o que costumamos pensar como nosso "eu interior". É onde todas nossas princesas, noivas-rãs e heróis tolos metafóricos moram – nosso centro de controle particular do *Divertida mente*. O domínio objetivo é a realidade externa, feita de matéria – coisas que podem ser medidas, manipuladas e ter sua existência comprovada como fato. Tudo que não pode ser provado usando o método científico cartesiano deve ser considerado uma fantasia subjetiva ou um delírio. Como a forma na qual Sir James Frazer define a síndrome de Couvade: é uma crença "primitiva" em certa magia empática.

A maioria de nós tende a aceitar esse dualismo subjetivo/objetivo sem pensar muito. Acreditamos numa vida interior e exterior de maneira simultânea. Nós aceitamos como fato que a realidade precisa ser mensurável de modo empírico. Pense no invisível, porém onipresente fundamento da neurociência e da psicologia. A neurociência estuda como a matéria objetiva do cérebro – células, sinapses, neurônios – cria a experiência subjetiva da mente. A psicologia percebe o pensamento, ou cognição, como um processo pelo qual a mente constrói uma representação subjetiva do mundo externo, material, objetivo. Ambas precisam da dualidade corpo/mente de Descartes.

Descartes recebe o crédito pela invenção dessa perspectiva porque operamos dentro de um paradigma patriarcal que favorece a autoridade individual – sempre enquadrando um "grande homem" como autor central das mudanças históricas e filosóficas.[30] Mas a verdade é que a causalidade quase nunca é tão independente. Várias outras pessoas já exploravam as implicações dessa nova forma de ser antes que Descartes a descrevesse. Miguel de Cervantes, por exemplo, publicou *Dom Quixote* apenas algumas décadas antes, em 1605. Vale mencionar que Cervantes também se beneficia da doutrina histórica do "grande homem". É por isso que tantas pessoas consideram *Dom Quixote* como o primeiro romance moderno. Por que dizem que o livro é tão inovador? Porque é a história de um eu duplo, da batalha entre realidades subjetivas (internas) e objetivas (externas).

Dom Quixote é a história de um velho que leu tantas histórias sobre grandes cavaleiros que não consegue mais discernir fato de ficção. O Engenhoso Fidalgo de La Mancha agora crê ser um cavaleiro e interpreta de modo errôneo todos os aspectos mundanos de sua experiência, acreditando serem partes de uma jornada épica e heroica. A cena mais famosa do livro envolve moinhos de vento. Dom Quixote e seu escudeiro, Sancho Pança, estão cavalgando pelo interior quando veem trinta ou quarenta moinhos de vento. Dom Quixote pensa que eles são "gigantes enormes" e anuncia sua intenção de lutar com eles. Sancho se opõe: "Aquelas coisas ali não são gigantes, mas moinhos de vento, e o que parecem ser seus braços são as hélices que são movidas pelo vento e fazem o triturador se mexer". Dom Quixote não se convence.

"A mim me parece claro", ele diz a Sancho, "que você não é muito versado em matéria de aventuras: aquilo são gigantes; e se você está com medo, afaste-se e comece a rezar enquanto entro em combate feroz e desigual com eles".[31]

Ele acerta as esporas em seu cavalo e ataca. O vento começa a girar as hélices, o que apenas reforça as convicções de Dom Quixote. Obviamente, os gigantes começaram a se mover porque temem o combate contra um cavaleiro tão famoso! O velho crava sua lança em uma das hélices e é levantado no ar e jogado ao chão. Golpeado e ferido, ele se afasta, mas não abandona seu delírio. Ele explica que algum tipo de magia obscura deve ter transformado os gigantes em moinhos de vento, uma clara tentativa das forças do mal para impedir sua jornada virtuosa.

O romance tem mais de novecentas páginas de episódios cômicos parecidos, nos quais a experiência subjetiva de Dom Quixote luta com a realidade objetiva. Ele acaba se tornando um cavaleiro famoso. A todo lugar que vai, sua reputação o precede. As pessoas ouviram sobre suas aventuras absurdas e, apesar de saberem que ele não é um cavaleiro de verdade, elas o tratam como a figura heroica que ele imagina ser. O mundo externo foi coagido a cooperar com a história interna que Dom Quixote criou. É a descrição perfeita da autoridade patriarcal narcisista. Ele fez gaslighting com todo mundo!

Em um mundo que depende do dualismo cartesiano entre mente-corpo para estabelecer a verdade, o conhecimento e o significado, somos todos Dom Quixote. Não compartilhamos todos de sua estranha mistura de convicção e ingenuidade? Nossa tendência é saber o que conhecemos bem, mas sequer sabemos o suficiente para reconhecer o que não sabemos. Nós gostamos das coisas assim; nosso valor próprio e autoconfiança – até mesmo nossa habilidade de levantar pela manhã e desempenhar nossos deveres diários – dependem de nossa capacidade de, alegremente, nos mantermos ignorantes de nossas contradições. Como Dom Quixote, resistimos com vigor a tudo que ameaça desfazer a colcha de retalhos de narrativas que motiva decisões e ações que colocamos em prática. Usamos gaslighting para escapar da autorreflexão. Atacamos moinhos de vento. De certo, acreditamos ser a coisa certa a fazer, o mais correto moralmente. A sobrevivência do mais forte!

Pense que quase todos os livros de autoajuda, psicologia e desenvolvimento administrativo enquadram a capacidade pessoal e a autonomia de acordo com essa capacidade de "executar" resultados. Consideramos a habilidade de distorcer, de maneira narcísica, a realidade como algo admirável. Por exemplo, Walter Isaacson entrevistou funcionários da Apple para entender como eles enxergavam Steve Jobs. "A melhor forma de descrever a situação é um termo de *Jornada nas estrelas*", explicou Bud Tribble, membro original da equipe de desenvolvimento do Macintosh. "Steve tem um campo de distorção de realidade." Pelo jeito, Jobs podia convencer qualquer um a ver uma situação da forma como ele a via, independentemente do quão delirante fosse seu ponto de vista. Isso fez com que programadores se comprometessem com cronogramas impossíveis. "Era perigoso ser capturado pelo campo de distorção do Steve, mas era o que fazia com que ele realmente fosse capaz de mudar a realidade."[32] Soa como se Steve Jobs fosse Dom Quixote – narcisista, patriarcal e autoritário até a medula.

De forma similar, sempre que você ouve as pessoas falando sobre manifestar melhores resultados profissionais ou de saúde por meio da positividade, não é só pensamento mágico; eles também foram pegos pela autoridade patriarcal narcisista. Eles podem dizer: *evite a negatividade; encare o mundo com gratidão; acredite em si mesmo e ignore os* haters; *seja a mudança que você quer ver; milagres vão acontecer!* Por certo isso soa reconfortante e inspirador, mas os gurus da nova era e os palestrantes motivacionais estão todos contando a mesma história cartesiana e quixotesca. Poucos parecem se dar conta de que, sempre que permitimos que a ficção subjetiva de alguém defina nossa realidade objetiva coletiva, também estamos dobrando a aposta no gaslighting.

Nesse sentido, todos nós incorporamos a ideia de que a capacidade de alguém de aplicar a coerção narcisista indica sucesso. É especialmente verdadeiro no caso dos pais! Eles estão vivendo em um paradigma cultural que ainda considera o Pai como a unidade primária da participação econômica, o homem da casa, o cabeça de uma *famulus*. Por isso, o apelo à distorção de realidade é implícito: os Pais sabem das coisas e o resto de nós devia se conformar com seu testemunho, sua autoridade, sua versão da realidade. Goste ele ou não, o Pai é instado a abraçar a mentalidade da autoridade patriarcal "masculina". A ele é dito que a história sempre deve lhe pertencer. A mãe e os filhos são apenas suplementares, personagens coadjuvantes em sua jornada heroica, porém, não precisa ser assim. Uma figura paterna pode abandonar seus delírios quixotescos. Pode evitar a prática de gaslighting. Pode substituir autoridade por responsabilidade.

Em resumo, um pai feminista reconhece que estamos todos vivendo em uma rede de realidades subjetivas mútuas; estamos construindo juntos um mundo de histórias.

SEJA RESPONSIVO

Quando meus garotos eram pequenos, eu gostava de arrastar o grande balde de plástico com blocos de madeira para o meio do tapete da sala. As peças dentro dele tinham vários formatos: cubos, cilindros, tetraedros e esferas. Cada uma foi lixada e selada com verniz para evitar farpas. Eu as empilhava numa grande torre – larga e estável nas bases, mas progressivamente complicada e precária à medida que subia em direção ao ventilador de teto lá no alto.

O desafio que também me autoaplicava era usar todos os blocos, equilibrando-os nas posições mais loucas e aleatórias. Eu levava a tarefa muito a sério, como se fosse o desafio definitivo do heroísmo paterno. As crianças observavam a distância, na pontinha do assento, impacientes e desejosas em participar. Eles pulavam do sofá no momento em que eu colocava o último cone, uma torreta coroando o topo daquela obra-prima lúdica. Correndo, meio vacilantes, os garotos se aproximavam. Com os braços girando como moinhos de vento, eles derrubavam tudo no chão. BUM! O barulho do impacto os fazia gargalhar; a bagunça os deliciava ainda mais. Ríamos juntos, nos abraçávamos e então eu começava tudo de novo.

Penso naquela brincadeira com frequência; eu falo sobre ela em minhas aulas. É um lembrete de que até mesmo uma criança

Um pai feminista reconhece que estamos todos vivendo em uma rede de realidades subjetivas mútuas; estamos construindo juntos um mundo de histórias.

de colo pode desconstruir as coisas. A verdadeira habilidade está em reconstruí-las. Essa é uma parábola para ter em mente enquanto você desenvolve a consciência crítica necessária para ser um pai feminista. Lembre-se sempre de que é muito mais fácil desconstruir as narrativas problemáticas que dão forma a nossas aspirações e expectativas do que construir outras novas. Boa parte das teorias feministas e interseccionais fazem o importante trabalho de nos mostrar como as ideias e estruturas que tomamos como certas reforçam a desigualdade sistêmica. Muitos manifestos brilhantes foram escritos para encorajar as pessoas a reconhecerem que a opressão patriarcal mantém sua estabilidade porque continuamos a construir nossas vidas sobre um alicerce de presunções sexistas. Isso é bom; você tem que fazer isso primeiro. Precisa desmontar os andaimes que sustentam a tirania ideológica do "que é óbvio".[33] Você tem que quebrar essas estruturas antigas. É por isso que centenas de livros feministas forram minha prateleira, cada um fornecendo ferramentas para destruir histórias familiares que normalizam misoginia, homofobia e transfobia. O problema é que pouquíssimos oferecem um modelo claro para reconstruir, para escrever roteiros melhores. Talvez seja porque exista um enigma inerente. Como você pode escrever uma história e recomendá-la aos outros sem sucumbir às tentações delirantes da autoridade patriarcal narcisista?

A ativista adrienne maree brown escreve: "Somos socializados para enxergar o que está errado, incompleto, esquisito, para destruir as ideias dos outros e elevar as nossas".[34] É verdade. Todos discutimos, debatemos e praticamos gaslighting às vezes. Com frequência, são tentativas desastradas de manter a estabilidade de nosso delírio quixotesco. Tentamos anular o medo e a insegurança – esconder os sintomas do que chamam de "síndrome do impostor".[35] Homens cisgêneros que vivem em sociedades capitalistas patriarcais baseadas na supremacia branca imperialista têm uma tendência especial a exibir esses sentimentos de inadequação e a odiosa retórica defensiva que vem com eles.

Não é que estejamos sendo, de modo intencional, rancorosos, sexistas ou racistas. Isto é, você não precisa se sentir um vilão porque 1) a história não gira em torno de você e 2) você, provavelmente, não está sendo malicioso porque quer. Mesmo assim, não está isento de culpa. Afinal, é provável que tenha sido ensinado a imaginar que crescimento e massa crítica – obtidos por meio da competição desenfreada em que os fins justificam os meios – sejam a única forma de alcançar a realização e demonstrar status. Disseram que isso está conectado com a sobrevivência e o progresso evolutivo. Portanto, você, de maneira incorreta, interpreta esse crescimento como sendo o atributo que define a transformação positiva, assim como também acha que ele antecede qualquer mudança revolucionária. Você construiu sua torre de blocos o mais alto que pôde! Como uma empresa tentando conquistar uma fatia maior do mercado, ou um herói edipiano numa trajetória de ascensão assassina, você está sempre em busca da vitória. Várias vezes precisa tirar outras pessoas da jogada porque riqueza, poder e contentamento parecem depender da habilidade de ser o autor principal de uma narrativa amplificada por um coletivo consideravelmente grande. É como se sentar com as pernas bem abertas. Você quer que a sua história ocupe mais espaço. Esse tipo de narrativa é o objetivo central de uma cultura que exibe tanta consideração por celebridades da mídia. Isso se reflete em nossas vidas particulares, em especial agora que tantos de nós estamos preocupados com seguidores, comentários e curtidas. Está também na raiz de comportamentos problemáticos da paternidade associados à masculinidade tóxica. Afinal, não é segredo que os pais dominam sua família para ampliar o próprio senso de importância – para inflar sua autoridade patriarcal narcisista. Eles intimidam quando podem para compensar suas deficiências de quando não podem.

Claro que não estou tentando insinuar que todos os pais são maus o tempo todo. Eu sei que muitos pais reconhecem com frequência a importância da igualdade de gêneros e criticam a misoginia sempre que a percebem. Sentados à mesa de jantar, discutindo como foi a aula, talvez eles sejam diligentes na correção de estereótipos de gênero que os filhos aprenderam com os colegas. Talvez o Pai também seja cuidadoso ao evitar o uso de coloquialismos problemáticos e expressões vulgares. Ele não diria, por exemplo: *Você é um fresco*; *Você joga como uma menina*; *Aja como um homem*; ou *Tem que ter o saco roxo*. E também: *Nada de achar que a mulher se parece com uma puta ou vadia por se comportar de uma tal maneira ou usar tal roupa* e *Não use palavras como galinha ou vadia*. Alguns pais podem ir além, desafiando, de forma intencional, os papéis familiares de gênero, rompendo com a divisão comum dos trabalhos domésticos. Quem cozinha e faz a limpeza na sua casa? Quem lava e dobra as roupas? Quem paga as contas? Quem lida com as ferramentas elétricas? Quem marca as consultas com os médicos? Quem organiza as brincadeiras e atividades extracurriculares? A forma com que você organiza as rotinas do dia a dia é o modelo estrutural que seus filhos vão eventualmente incorporar em seu entendimento do que constitui o "normal". Ela pode confirmar ou desafiar as expectativas sociais, então faça suas escolhas com consciência.

Quando meus filhos eram pequenos, eu me esforçava para apontar as representações sexistas ou homofóbicas na televisão e nos filmes. Eu pedia a eles que me explicassem por que todas as personagens femininas em seus jogos tinham peitos tão grandes, por que piadas com gays eram tão presentes em desenhos animados feitos para crianças pequenas. Eu também tentei nunca fazer suposições heteronormativas enquanto conversava com eles. Imaginando o futuro, eu tentava dizer coisas como: "mal posso esperar para te envergonhar na primeira vez que trouxer pra casa a pessoa que estiver namorando". Eu não dizia *namorada* porque não queria fazer suposições heterossexuais. Eu não dizia nem namorado ou namorade. (A vogal *e* é uma forma informal de tornar a língua portuguesa mais neutra e evitar o binarismo de gêneros, contemplando assim as pessoas não binárias.) Eu entendi que qualquer sonho que eu articulasse sobre o futuro deles estabeleceria os padrões e os ideais para uma vida inteira e não queria que se sentissem limitados pelas minhas expectativas.

Quando andamos pela Target ou por outras grandes lojas, eu sempre faço comentários sobre o absurdo de os brinquedos serem separados em corredores rosa e azul. O que poderia tornar um tipo específico de LEGO mais chamativo para um gênero do que para o outro? Pedi a meus filhos que me explicassem. É claro que eles não conseguiram, mas eu adorei vê-los se esforçando. Um dos meus passatempos favoritos era provocar meus filhos e confundi-los na tentativa de provocar seu pensamento crítico. Às vezes outros adultos me olhavam torto ou reviravam os olhos. Eles pensavam que eu estava estragando a diversão das crianças. *Deixe-os com seus heróis cheios de músculos e princesas cor-de--rosa; eles gostam; não estrague tudo pra eles!* A implicação era que as crianças mereciam uma infância livre de preocupações sobre justiça social. Eu sabia que isso estava absolutamente errado. Estereótipos de gênero onipresentes são muito mais opressivos à ingenuidade de uma criança do que qualquer constatação de misoginia, homofobia ou transfobia poderia ser.

Hoje em dia eu, com frequência, ouço meus garotos desafiando os pressupostos de seus amigos da mesma forma que eu sempre desafiei os deles. Isso me deixa orgulhoso, mas reconheço que esses exemplos não são, por si sós, indicativos de uma figura paterna de sucesso. Ser um pai feminista envolve muito mais do que apenas se comprometer em evitar linguagem e modos sexistas. Também envolve mudar a mentalidade – demolir atitudes e comportamentos que, de maneira inadvertida, colaboram com as coisas contra as quais jurou lutar. Em outras palavras, você precisa ser menos autoritário e mais responsivo.

Como é isso na prática? Primeiro, a *paternidade responsiva* é participativa e adaptável. Não estamos falando de atirar raios; a questão aqui é presenciar e escutar. É por isso que, agora que meus garotos são adolescentes, estou sempre aprendendo com eles. Nem sempre eu gosto; com frequência eles me corrigem quando erro os pronomes ao me referir aos seus amigos. Também chamam minha atenção por ser muito crítico quando conto sobre alunos que se ofenderam com alguma coisa em sala de aula. Minha reação inicial é quase sempre defensiva. *Eu sou o especialista. Eu ensinei a vocês como serem feministas. Vocês não sabem mais do que eu!* Mas algumas vezes eles sabem mais do que eu, sim. Continuo aprendendo que ser a figura paterna não significa que sempre terei a palavra final.

O problema é que, quando você está preso na falácia do ego da autoridade patriarcal narcisista, pensa que está sempre autorizado a soltar um "executar"! No entanto, a paternidade responsiva reconhece que a realidade é cocriada; ela é colaborativa e emergente. Você precisa ouvir diversas vozes sem presumir que a mais alta e mais dominante representa a visão mais precisa. Você precisa ter essa mesma receptividade quer esteja ouvindo vozes internas ou externas. Esteja você ouvindo membros de sua família ou engajado em autorreflexão, esse mesmo processo é necessário. Um pai feminista não pode fazer um sem o outro.

Assim como você precisa respeitar a dignidade e a autonomia de seus filhos e parceiros, também precisa confiar que existe uma gama de criaturinhas como as do desenho *Divertida mente* dentro da sua própria psiquê. Cada uma delas pode trazer uma perspectiva única, sábia e às vezes inesperada para cada situação. Quais você está silenciando sem querer porque suas suposições tidas como certas abrigam preconceitos problemáticos? Alguma delas o faz se sentir fraco? Menos másculo? Inseguro? Sem controle? Para descobrir, precisa escutar o discurso sem se identificar demais com uma voz e patologizar as demais.

Lembre-se, as soluções para seus dilemas cotidianos nunca são singulares. Isso é uma coisa especialmente difícil de reconhecer quando você está preso na falácia do ego da autoridade patriarcal narcisista. Por quê? Porque sem querer, acaba aderindo à teoria do "grande homem" da história – você presume que a voz de um indivíduo pode e vai chegar à melhor resposta visionária para todo o problema paradigmático. Isso não acaba com sua admiração por Steve Jobs ou sua veneração por outras celebridades e atletas. É bem provável que você também aplique esse conceito às rotinas da vida familiar. Concorda com o "papai sabe tudo". Ou, no mínimo, acredita que ele deveria sempre tentar saber tudo. Portanto, você está ansioso para oferecer conselhos paternos, para ser um faz-tudo que ataca os problemas com soluções relâmpago, mas isso não é paternidade responsiva. Um pai feminista sabe que a sabedoria verdadeira vem da inteligência cooperativa – que uma verdade intersubjetiva e equitativa se manifesta não apenas entre indivíduos humanos que se respeitem por igual, mas também por meio do discurso consensual de vozes psicológicas internas.

Como seria se você ouvisse todas as vozes em sua casa e em sua cabeça? Como soaria quando elas escrevessem juntas uma narrativa mais consciente? No começo deste capítulo eu mencionei o silêncio trovejante. Thich Nhat Hanh escreve: "Para praticar um discurso de consciência plena, às vezes precisamos praticar o silêncio. Então podemos olhar profundamente para ver quais são nossos pontos de vista e os nós internos que dão origem ao nosso pensamento".[36] Esse é um bom conselho para um pai feminista. Ele me lembra os meus filhos demolindo a torre de blocos. Eles o faziam com a expectativa de que a torre seria construída de novo e que poderiam derrubá-la outra vez. Da mesma forma, o propósito da consciência crítica é desconstruir as atuais narrativas culturais para dar espaço para outras, mais recentes e menos opressivas. Mas não cabe à figura paterna escrever a nova história. Em vez disso, um pai feminista abre mão da falácia do ego da autoridade patriarcal narcisista e abre seus ouvidos para poder ouvir todas as coisas sendo articuladas nas histórias das outras pessoas.

PARTE TRÊS

QUEM É O PAPAI?

SEXTA-FEIRA, 14 de fevereiro, 4h17 da tarde: Eu sei que pico de energia devido a consumo de açúcar não existe.[1] É apenas um mau entendimento da ciência misturado com lenda urbana. A cautela da era vitoriana foi passada adiante por meio de histórias da Carochinha até chegar aos médicos do início do século xx, que promoviam o controle como uma panaceia milagrosa para tratar o mau comportamento das crianças. Pesquisas questionáveis confirmavam o argumento deles: *Você é o que você come; Pratique a moderação; O excesso de indulgência é um pecado!*[2] Todo mundo acreditava nisso, e muitos ainda acreditam, mas a "hipótese do açúcar" nunca se baseou em fatos. Estudos posteriores refutaram, de maneira consistente, a ideia de que doces podem causar algum impacto negativo sobre o comportamento ou cognição.[3] Isso quer dizer que balinhas de goma e merengue com chocolate não estão deixando meus filhos hiperativos. Meus garotos podem, de fato, ser barulhentos e irritantes, mas provavelmente estão apenas entusiasmados; e a gente nunca tem muito doce dentro de casa. Este só está aqui agora porque abri uma caixa grandona que minha mãe mandou por causa do Dia dos Namorados. Ela nos envia uma todo ano. Seu pai sempre lhe mandava uma caixa dessa, e agora ela continua a tradição. Vovô morava em Lakewood, Nova Jersey. Ele mandava o doce pelo correio para a Filadélfia. Não existiam compras pela internet naquela época, então todo embrulho em papel pardo com endereço escrito à mão era motivo de alegria. Este era ainda mais. Meus irmãos e eu rasgávamos o plástico envolvendo a caixa enorme em forma de coração. Nós a abríamos como se uma revelação estivesse à nossa espera lá dentro. Em vez disso, encontrávamos um mistério. Não havia manual, nada impresso na tampa da caixa, nenhum jeito de identificar o sabor de cada confeito do tamanho de uma mordida, mas isso era metade da graça. Entrávamos em uma competição ferrenha para ver quem descobria qual era o de caramelo, qual era a trufa de ganache de chocolate meio amargo ou o de marshmallow grudento. Ninguém queria os de geleia.

Hoje, minha mãe trocou a velha caixa em formato de coração por múltiplos sacos dos doces favoritos do *halloween*. Minha despensa está abarrotada de ursinhos de goma, barras de chocolate e manteiga de amendoim. Meus garotos ficam irritados porque eu não paro de rememorar os anos dourados das verdadeiras caixas de bombons. Eles simplesmente não ligam; reagem ao presente da vovó com o mesmo vigor irracional que meus irmãos e eu um dia reagimos ao presente de nosso avô.

Suponho que seja bacana que essa tradição tenha atravessado gerações, mas a verdade é que sempre me deixou confuso. Por que um pai mandaria um presente de Dia dos Namorados para a filha? Por que uma mãe mandaria um para seu filho? Esse feriado não é sobre outro tipo de amor? Chamávamos de "gosta-gosta" quando eu estava no ensino médio. Você gosta dela?

Ou você gosta-gosta dela? Era assim que diferenciávamos uma possível namorada de uma amiga. Como os antigos filósofos gregos, meus amigos adolescentes e eu estávamos distinguindo *philia* (φιλία) de *eros* (ἔρως) – duas formas distintas de amor. Eu sempre penso em *philia* como "amor fraternal". É porque sou da Filadélfia, e ela é conhecida assim; a cidade do amor fraternal. Não é exatamente uma tradução precisa. *Philia* não é exclusiva de irmãos – que nem sempre têm um relacionamento amoroso. Para ser mais preciso: a palavra grega se refere ao amor entre duas pessoas com uma ligação em comum. Parentesco biológico é apenas um exemplo. Sócios e compatriotas são outros. Aristóteles aplicava o termo *philia* a qualquer amizade motivada por boa vontade, utilidade ou prazeres simples.[4] Em contraste, *eros* é lascivo. Ele descreve o tipo de amor que costuma levar ao romance e sexo. É um desejo profundo e intenso.[5] Mas no ensino médio, mesmo nosso gosta-gosta não era erótico nesse sentido. Ter uma namorada era mais uma coisa de status. Estávamos tentando nos encaixar. Não dávamos uns amassos ou uns beijos. Basicamente, apenas sentávamos juntos, sem graça, no ônibus ou na mesa do refeitório. Talvez déssemos as mãos no intervalo enquanto toda a molecada tagarelava sobre quem gostava-gostava de quem.

Seria apenas alguns anos depois que começaríamos com a mão boba e o esfrega-esfrega. Até então, muitos dos caras diziam que era impossível um garoto ter uma garota como amiga. Usando palavras e frases bastante grosseiras, eles discutiam que o *eros* sempre atrapalharia. A princípio, eu não acreditava. Eu tinha um monte de amigas, muitas das quais nunca vi de forma romântica, mas uma vez que a rádio fofoca adolescente me ensinou a interpretar meu afeto hormonal de acordo com as convenções sociais binárias, comecei a me perguntar: se o interesse de uma amiga por mim fosse sexual, será que meu interesse também se tornaria sexual automaticamente? Será que os garotos eram construídos assim – sempre excitados, sempre tentando "se dar bem"? Promíscuos por natureza? Sexualmente agressivos? Predatórios como um homem das cavernas? Havia tantos "fatos" sobre sexo que os meninos do ensino médio explicavam quando as meninas não estavam por perto. Alguém aprendia alguma coisa com um irmão mais velho, ou talvez um tio safado, e então papagaiava isso com convicção irredutível. Eles também ridicularizavam qualquer um que parecesse surpreso ou cético; a humilhação intimidava a dissidência. Em breve as mentiras, equívocos e invenções adolescentes iriam parecer incontestáveis. Em minha mente, o Dia dos Namorados deixou de ser uma inocente troca de caixas de bombons em formato de coração e cartões com personagens de desenhos animados, e se transformou em um ritual adolescente de cortejo e acasalamento sob alta pressão. Todas as mensagens culturais deixavam as coisas bem claras: o Dia dos Namorados lidava com *eros*, não com *philia*.

E mesmo assim vovô, que tinha apenas a mais pura das intenções, continuava mandando chocolates para mamãe. Por quê? Porque o relacionamento deles era influenciado por uma reinterpretação problemática do complexo de Édipo de Freud – uma forma de pensar sobre pais, filhas e adolescência que emergiu nos anos 1940. Como você verá em breve, existem muitas coisas que enxergamos como certas entre pais e filhas que estão carregadas de presunções problemáticas e heteronormativas sobre *eros*, gênero e sexo. Nós professamos alguns credos perturbadores e misóginos. Colocamos o determinismo biológico no centro do nosso pensamento sobre desenvolvimento sexual da mulher e o incorporamos nas expectativas superficiais da identidade da figura paterna. Ser um pai feminista requer confrontar a história sórdida e desconfortável da relação papai-filhinha e abandonar as falácias do essencialismo de gênero que o reduz a uma placa de banheiro.

Essencialismo de gênero placa de banheiro é uma expressão genérica que uso para identificar narrativas comuns que sugerem que as atitudes acerca de sexo e intimidade são determinadas pela biologia – que garotos são inerentemente de um jeito e garotas de outro, que pênis e vaginas são associados de forma única com certas inclinações comportamentais. Quando eu era adolescente, histórias que diziam desvendar os mistérios da vagina eram compartilhadas como um evangelho no vestiário dos meninos. Essas falácias se integraram de maneira profunda em minha visão de mundo. Eu já estava na meia-idade quando reconheci que minhas suposições do ensino médio eram falsas – até porque não existe base científica para o binarismo sociocultural de gênero nem para o binarismo anatômico genital. Não obstante, o essencialismo de gênero de placa de banheiro continua a influenciar quase todo mundo. Ele não apenas dá contorno à forma como os papais interagem com suas garotinhas, mas também determina um número substancial de nossos hábitos mentais paternos. Ele molda nossas personas de pai, definem como esperamos que uma figura paterna participe da família nuclear. Ele guia muitas das nossas ações aparentemente mundanas e superficiais. Portanto, mesmo pais com as melhores das intenções continuam a reforçar ideias heteronormativas e binárias errôneas.

Para ser um pai feminista, você precisará reconhecer como essas formas datadas de pensamento continuam a causar impacto sobre nossas inclinações parentais diárias e nossa rotina familiar. Com frequência, estamos, sem querer, mandando a nossos filhos as piores mensagens possíveis sobre gênero, sexo, intimidade e dinâmicas familiares.

ELA TEM *DADDY ISSUES**

As tendências na psicologia estão sempre mudando. Novas ideias sobre as melhores práticas em cuidados com as crianças aparecem o tempo todo, na mesma frequência com que as antigas saem de moda. Nutrição, educação, sono, exercícios, tempo de tela; tudo é material para especialistas em criação de filhos.

É justo presumir que novidades nos hábitos da criação dos filhos peguem embalo apenas quando parecem bem-intencionadas – quando as pessoas esperam que novas ideias em desenvolvimento infantil levem a algum progresso, a desfechos sociais e emocionais melhores. Com frequência, em retrospecto, o que um dia pareceu ser "evoluído" pode hoje parecer escandalosamente reacionário. Uma teoria assim se tornou popular em meados do século XX.

O pessoal nos Estados Unidos tinha certeza de haver decifrado – de uma vez por todas – uma verdade científica sobre desenvolvimento psicológico: a figura paterna estava no centro da transformação adolescente de uma garota. Foi um exemplo chocante e explícito da autoridade patriarcal narcisista. Médicos, psiquiatras, filmes e artigos de revista, todos disseram ao Pai que ele desempenhava o papel principal no despertar sexual de sua filha. Essa suposição equivocada teve um impacto duradouro e problemático sobre todos nós. Ela moldou alguns de nossos "fatos inquestionáveis" sobre sexo, gênero e consentimento. Ela amplificou conjecturas problemáticas, reforçando delírios

---

* Em tradução livre, "problemas com o pai". É um termo utilizado na psicanálise e psicologia para designar quando subconscientemente uma pessoa é atraída por homens que exemplificam qualquer problema não resolvido, tanto no relacionamento ou na falta de relacionamento, com o pai ou a figura masculina significativa na infância. (N. do E.)

de essencialismo de gênero e distorcendo a forma com que pais pensam sobre a identidade da figura paterna. Para ser um pai feminista, você precisa entender essa história. Deve também refletir sobre como suas atitudes atuais permanecem ancoradas em um passado problemático. Em seguida, precisa reimaginar sua persona paterna para que esteja mais sintonizada com a possibilidade de um futuro pós-patriarcal.

Comece confrontando o passado. Durante as décadas de 1940 e 1950, uma nova adaptação da teoria de Freud sobre sexualidade infantil, agora centrada nos adolescentes, foi apoiada tanto pela maioria dos psicólogos (não só os homens), quanto pela maioria dos autores e profissionais que moldavam as atitudes e prescreviam as melhores práticas para a educação infantil.[6] Os especialistas concordavam que a forma com que um pai testemunha o desabrochar de sua filha em uma mulher madura é o fator definitivo ao desenvolvimento sexual dela. O bem-estar da filha, supostamente, dependia de como ele respondia a essa segunda edição do complexo de Édipo dela.[7]

Lembre-se, na parte um eu expliquei como o complexo de Édipo freudiano é baseado na peça *Édipo rei*, de Sófocles. É a história de um garoto que está destinado a se casar com a mãe e matar o pai. Freud reformulou a história mitológica como a representação simbólica de um estágio universal do desenvolvimento infantil. Dos 3 aos 5 anos de idade, segundo ele, a criança sente uma atração sexual inconsciente pelo progenitor do sexo oposto e uma agressividade inconsciente pelo progenitor do mesmo sexo. Essa fase termina quando a criança começa a se identificar com o progenitor de mesmo sexo e reprimir os instintos sexuais. Freud considerava isso uma parte formativa do desenvolvimento psicológico de um indivíduo – e nesse sentido, as lembranças de uma experiência edipiana traumática podem contribuir para as neuroses de adolescentes e adultos –, mas presumia-se que a fase edipiana em si terminasse bem antes da puberdade.

Em meados do século XX, depois que Freud morreu, os psicanalistas adotaram uma perspectiva diferente. Eles passaram a considerar a adolescência como uma segunda fase edipiana, impactando de maneira específica o processo de desenvolvimento através do qual uma garota se torna uma mulher. Acreditavam que a forma que um pai lidava com a atração inconsciente da filha, em última análise, determinava o bem-estar social, emocional e sexual da menina. Simplificando, se o Pai lhe der atenção em excesso, ela nunca estará satisfeita com outro homem; se tornará para sempre obcecada pelo pai. Se ele lhe der pouca atenção, ela se tornará sexualmente promíscua, sempre em busca da validação que não recebeu; ela vai ter *daddy issues*. O relacionamento pai-filha se tornou um ato de equilíbrio estranhamente erotizado.

"Ele achou graça quando ela experimentou seu primeiro par de sapatos de salto alto, pasmo quando ela apareceu em seu primeiro vestido de festa e de pernas bambas quando ela emergiu para seu primeiro baile de formatura", escreveu Tachel Devlin, professora de história da Rutgers University. Ela está caracterizando as expectativas culturais mais comuns e populares para ser um bom pai nas décadas de 1940 e 1950.[8] Naquela época, os resquícios de pudor da Era Vitoriana tinham saído de moda e os Estados Unidos estavam à beira de uma revolução sexual. Levaria mais de uma década para a segunda onda do feminismo realmente ganhar impulso, mas já existia uma abertura renovada para pensar com empatia na vida psicossexual das mulheres. Existia também um novo nível de atenção voltada para a vivência das adolescentes.

Helen Valentine lançou a revista *Seventeen* em 1944, e a primeira edição, com quatrocentos exemplares, esgotou em apenas alguns dias. A adolescente moderna – apelidada de "Teena" no material promocional usado para atrair anunciantes – se tornou um grupo muito valioso de consumidoras. Uma mala-direta apresentava Teena como a colegial que "influencia os hábitos de compra de sua família, escolhe as roupas que veste, o batom que usa, a comida que come".[9] Comerciantes enxergaram uma enorme oportunidade de mercado. Eles estavam ansiosos para satisfazer as vontades de Teena, mas também reconheciam que todo dinheiro que ela quisesse gastar teria que vir necessariamente do pai. Tudo bem, ela está à altura do desafio: "nossa garota Teena não aceita não como resposta quando vê o que quer na *Seventeen*".[10]

Alguns estudiosos afirmam que a publicidade direta ao consumidor da revista criou o ideal de garota adolescente como conhecemos hoje – a imagem que vemos das escolas em seriados e filmes adolescentes.[11] Algumas pessoas escreveram sobre como a *Seventeen* também teve participação na transformação da figura paterna de guardião da castidade, vigilante e autoritário para um apoiador liberal da independência sexual emergente da filha. Essa mudança foi amplamente refletida na cultura pop, em que o Pai era agora descrito como o dadivoso controlador do impressionante poder de compra de sua adolescente. Muitas propagandas da época o descreviam ajudando sua princesa a escolher seu visual – suéteres, maquiagem, joias. É certo que ele a adorava e queria deixá-la feliz, então a literatura de autoajuda e as colunas de conselhos encorajavam o papai e a filhinha a fazerem compras juntos, emoldurando isso como uma experiência perfeita para se conectarem. Disseram para ele que deveria comentar a aparência dela de um jeito que a fizesse se sentir bonita, digna e confiante.

Na superfície, o Pai estava avaliando de maneira subjetiva as escolhas de roupas e cosméticos, mas, sob a perspectiva do desenvolvimento psicológico, também assumia um papel de cúmplice e facilitador na construção de uma aparência atraente. Ao ceder ou proibir suas compras, o Pai estava presenciando e possibilitando a transformação de sua filha em uma mulher madura, bem-arrumada e linda. Ele a ajudava a aprender a contar uma nova história, e, sem dúvidas, seu feedback influenciava a identidade narrativa dela. Portanto, ele tinha que fazer direito – oferecer aprovação de forma a deixá-la se sentindo confiante, mas não presunçosa; atraente, mas não devassa; autônoma, mas não desinibida.

Para fazer isso, todos os especialistas concordavam – e eles foram explícitos quanto ao assunto – que o Pai devia se imaginar como o primeiro namorado de sua filha adolescente. Não era para ser nada incestuoso.[12] O foco estava nas rotinas e ocasiões levemente tingidas de um *eros* simbólico. Como Rachel Devlin explica: "a condução até o altar, a primeira dança na festa de debutante etc." são ritos de passagem que enfatizam que "garotas deveriam (e inevitavelmente vão) olhar para o pai antes de qualquer outra pessoa em busca de aprovação sexual".[13] A mensagem era clara: o Pai devia ser o modelo para o homem que a mulher, no final, acabaria escolhendo para casar.

Talvez você esteja convencido de que nós já nos afastamos dessa perturbadora forma de pensar. Não é verdade. Ela ainda caracteriza nossas concepções do que significa ser uma figura paterna. Veja esta fala, frequentemente citada, da peça *Eurídice* (2003), de Sarah Ruhl: "A cerimônia de casamento é para filhas e pais. As mães se arrumam todas, tentando parecer mocinhas. Mas a cerimônia de casamento é para pais e filhas. Pai e mãe deixam de estar casados um com o outro nesse dia".[14] Ou esta afirmação do autor best-seller Gregory Lang: "A filha precisa que o pai seja a régua contra a qual ela julgará todos os homens".[15] Ou que tal esta fala atribuída a Lady Gaga: "Eu amo meu papai. Meu papai é tudo. Espero encontrar um homem que me trate tão bem quanto meu pai". Todas essas citações são consideradas inspiradoras e agraciam inúmeros memes das redes sociais, em especial aqueles postados por ocasião do Dia dos Pais – o que de forma anedótica valida e reforça a expectativa preexistente sobre os pais. Essas são mensagens motivacionais atuais que, supostamente, inspiram e servem de modelo sobre o que significa ser um bom pai.

Da mesma forma, basicamente toda coluna de conselhos nos jornais e toda listinha de blogs a respeito de como pais devem interagir com suas filhas incluem resquícios do elo erótico simbólico entre papai e filhinha. Por outro lado, bons conselhos sobre como os pais podem ajudar a encorajar o poder feminino e a autoconfiança, tornam-se problemáticos assim que são entendidos como uma forma de moldar as expectativas de uma mulher com relação a seus relacionamentos românticos futuros. Pense nisso da seguinte forma: é verdade que você deve tomar cuidado para não desencorajar a raiva de sua filha, porque é muito fácil reforçar a mensagem cultural que chama mulheres assertivas e agressivas de não femininas, desagradáveis ou reclamonas – você não quer ensinar a ela que boas mulheres devem ser acomodadas e complacentes o tempo todo. É também verdade que você deve elogiar o intelecto, a força e a competência dela, em vez de sua aparência. O problema é que conselhos bons como esses são estragados pela implicação de que o objetivo deles é moldar as expectativas dela em relação aos futuros parceiros. Por exemplo, eu sempre ouço pais dizendo para suas filhas: "Encontre um marido que te trate ainda melhor do que eu". Não! Isso é errado. Em vez disso, espere que todo homem, mulher ou indivíduos que não se encaixem no binarismo de gênero – em todas as situações – trate o outro com honra e respeito. Dignidade não é apenas para amantes.

Infelizmente os resquícios desse pensamento edipiano estágio 2.0 não permanecem apenas nas redes sociais e colunas populares de conselhos; muitos especialistas ainda pensam assim. Por exemplo: quando estava fazendo pós-graduação, no começo de 2010, uma professora palestrou sobre a psicologia essencial, arquetípica de garotas. Ela nos contou histórias de como Zeus adorava sua filha Atena. Um exemplo: no começo da *Odisseia*, Atena implora ao pai para que livrasse Odisseu da furiosa interferência de Poseidon para que permitisse ao herói o retorno a Ítaca. Homero descreve Atena com "olhos brilhantes" e "sedutores".[16] Imagino-a piscando os olhinhos e remexendo os pés timidamente – igual a um personagem clichê de seriado implorando ao pai pelo cartão de crédito, ou pelas chaves do carro, ou pela anulação do rígido toque de recolher que a mãe estabeleceu. Ela é calculista de um jeito estereotipado, usando charme sexual simbólico como um instrumento de manipulação. Lido sob uma perspectiva do século XXI, Atena lembra Teena, e, claro, como um pai da TV, Zeus parece mais que feliz em atendê-la. Ele não consegue resistir aos encantos de sua garotinha! A brilhante e reverenciada analista junguiana de pé diante da minha classe de graduandos explicou que, quando se trata de garotas adolescentes, o desafio paterno envolve navegar por um limite complicado. Ensiná-la a equilibrar-se na linha entre cuidadora altruísta e *femme fatale*. A implicação é que uma figura paterna precisa estar atenta a como responde às súplicas de sua filha, porque isso estabelecerá sua abordagem quando adulta em relação ao uso do poder erótico como ferramenta de barganha.

Você descobre muitas coisas problemáticas nesse esquema psicológico quando o estuda um pouquinho que seja. Por exemplo: é irresponsável pensar de maneira binária e heteronormativa. Ela não só presume uma atração edipiana inata entre a criança e seu progenitor do sexo oposto, como também enquadra essa atração como o elemento definidor singular no desenvolvimento saudável de uma adolescente. Será que isso significa que uma criança, filha de pais do mesmo sexo, está, de modo irremediável, condenada, uma vez que não existe objeto sexual simbólico apropriado, ou seja, nenhum pai? Será que significa que indivíduos que não se encaixem no binarismo de gênero – pais ou crianças – automaticamente têm seu processo de desenvolvimento infantil prejudicado? Ambas as ideias estão implícitas em ao menos um argumento utilizado com frequência para se opor ao casamento igualitário LGBTQIA+: *uma garota precisa de uma figura paterna!* Mas todas as pesquisas mostram que é uma preocupação inválida.

Podem existir tipos específicos de interações criança-progenitor que sejam necessárias para um desenvolvimento saudável, mas elas absolutamente não dependem do sexo ou gênero do progenitor. Isso deveria ser óbvio. Por quê? Porque, como você sabe, a família nuclear, da forma que imaginamos hoje, não se tornou padrão até a chegada da era industrial. Poligamia e procriação cooperativa já foram naturais também.[17] Assim como foram uma infinidade de outros arranjos familiares. É absurdo pensar que o bem-estar emocional dependa objetivamente de adequar-se a uma estrutura familiar que só apareceu nas últimas gerações. Se fosse, toda mulher humana que atingiu a maioridade antes do século XVIII teria sofrido de neuroses sexuais devastadoras. Elas não sofreram.

SEU NAMORADO PROTOTÍPICO

Chimamanda Ngozi Adichie escreve: "Amor não é apenas dar, mas também receber. Isso é importante porque nós damos às meninas dicas sutis sobre a vida delas – nós ensinamos às meninas que grande parte da habilidade de amar é a habilidade de sacrificar a si mesmas".[18] Eu argumentaria que é ainda pior do que Adichie sugere.

A expectativa de que uma figura autoritária paterna seja o modelo para o futuro relacionamento romântico de uma garota, mascara uma estratégia bem-intencionada e psicologicamente fundamentada no combate à desigualdade de gênero, neutralizando mensagens misóginas e reforçando as melhores aspirações à feminilidade. Enquanto isso, também reforça, de maneira astuta, as mesmas expectativas patriarcais para que mulheres sejam complacentes e obedientes. Se o Pai é visto como o protótipo do namorado, fica então implícita uma distorcida dinâmica de poder com um futuro parceiro. Afinal, um pai nunca é igual à filha. Ele é uma figura de autoridade. E mais, a sobrevivência e bem-estar dela dependem completamente dele – ou, pelo menos, assim lhe parece. Fingir que isso não acontece é comparável a gaslighting; é um delírio quixotesco que múltiplas gerações de pais têm aceitado sem questionar.

Nas décadas de 1940 e 1950, o relacionamento erótico entre pai e filha foi enquadrado como uma moderna, progressista e empática aceitação da independência da menina adolescente – e nesse sentido atraiu pais compassivos, como meu avô, por exemplo, que queria que as filhas se tornassem mulheres fortes, confiantes e independentes, assim como aconteceu com minha mãe, mas cada caixa de doce escondia uma forma disfarçada de autoridade patriarcal orientada ao consumo. As garotas aprendiam que amor, atração e respeito são coisas que você conquista aos olhos de uma figura de autoridade – que dignidade e valor são como medalhas de mérito que você recebe em troca de demonstrar aparência e comportamento apropriados.

Para entender por que tantas pessoas embarcaram nessa narrativa e como um pai feminista pode combatê-la, primeiro você precisa reconhecer como o pensamento edipiano estágio 2.0 se encaixa em uma mudança histórica rumo a uma organização aparentemente democrática da vida familiar. Muitos acadêmicos observaram que o relacionamento entre progenitores e filhos se tornou igualitário, de modo progressivo, em meados do século XX. Como as autoras Sonia Livingstone e Alicia Brum-Ross explicam, os progenitores se tornaram "responsáveis perante os filhos em um relacionamento fundamentado cada vez menos na asserção da autoridade e mais na construção de respeito mútuo".[19] A vida familiar passou agora a ser negociada. O pai não era mais visto como um pastor de mão pesada que deveria conduzir a filha a uma individualização adequada. Em vez disso, como o sociólogo Ulrich Beck argumenta, as crianças "individualizam *a si mesmas*".[20]

Beck chama isso de "biografização" da juventude. O que ele quer dizer é que as pessoas começaram a ver a infância como um processo de aprender a escrever sua própria história. Você descobre a autonomia por meio de eventos significativos, como o primeiro beijo, a carteira de motorista, o namorado na formatura. Você luta para "se encontrar". Dentro dessa perspectiva, o papel do progenitor supostamente versa menos sobre dirigir ou governar e mais sobre encorajar e dar apoio aos filhos enquanto eles constroem uma narrativa que é única, individual e autoral. Agnes Callard, professora de filosofia adjunta da universidade de Chicago e blogueira prolífica, enquadra isso como uma mudança da "criação tradicional" para "criação acolhedora". Ela aponta que *tradição* vem do verbo latim *trādere*, que significa "entregar". E escreve: "Se eu fosse uma mãe tradicional, estaria tentando dar a meus filhos alguma versão da *minha* vida; como uma mãe acolhedora, estou tentando dar a meus filhos algo que não tenho e com que não sou familiarizada".[21] À primeira vista, é de se pensar que essa mudança significaria um distanciamento da autoridade patriarcal narcisista; porém, quando você observa mais de perto, percebe que – pelo menos quando se trata de pais e suas filhas – é uma história complicada e traiçoeira.

Note que essa mudança na dinâmica familiar coincide com a ascensão da economia de consumo fomentada pela mídia. Isso não é um acidente. A biografização é conseguida pela autoapresentação.[22] E, num mercado capitalista, isso envolve adquirir bens materiais. Pense na teoria do eu performático dada por Erving Goffman, que forneci no primeiro capítulo. Ele usou o teatro como metáfora. Ele disse que o eu, como conhecemos, é criado em resposta a seu contexto social. Em outras palavras, somos todos intérpretes reagindo ao feedback que recebemos de nossa audiência. Um ator no palco da vida precisa de figurino e acessórios, então cada blusinha, manicure/pedicure, batom, CD e corte de cabelo caro é uma oportunidade de se autoexpressar, de contar sua história. Não me admira os anúncios na *Seventeen* serem tão efetivos. Não só eram atraentes para Teena, mas também permitiam que o Pai mantivesse sua dominância patriarcal dentro de um lar cada vez mais igualitário. Ele podia participar do que parecia ser uma negociação familiar aberta, enquanto sorrateiramente controlava as decisões de sua filha. Ele podia comunicar aprovação e condenação – enredadas com *eros* e sedução sexual – por meio de atos simbólicos de privação ou indulgência.[23] Portanto, ele ainda podia brandir sua autoridade de provedor enquanto fingia ser um feminista. Ele podia dar o voto final em todos os aspectos da biografia de sua filha, pagando pelo que ele gostava e recusando-se a dar dinheiro para o resto. Ele mantinha seu status de diretor-executivo mesmo enquanto encorajava a narrativa pessoal de autonomia dela.

Isso pinta um cenário sombrio e perturbador. O relacionamento pai-filha parece uma hierarquia erótica transacional da qual depende o valor da garota – o que torna ainda mais preocupante que garotas sejam instruídas a desempenhar o mesmo papel em todos os seus relacionamentos românticos futuros. Talvez isso ilumine o porquê de um estudo de 2018, feito pela UBS Gestão de Riquezas Globais, descobrir que 71% das mulheres em casamentos com o sexo oposto acreditam que o marido deveria ser responsável por lhes fornecer a sensação de segurança financeira, e 87% dos maridos esperam cumprir essa expectativa. Será que o confuso vínculo entre a autoridade financeira de um pai e os encantos sexuais da filha foram reproduzidos na fase adulta? Para adultos, se torna: um marido patriarcal e uma esposa metaforicamente escravizada, agora disfarçada de esposa igualitária. É ainda mais preocupante considerar que essas atitudes não se limitam a pessoas que atingiram a maioridade nas décadas de 1940 e 1950. As mesmas opiniões são válidas até mesmo entre Millenials: 61% dessas jovens disseram que se submetem a seus maridos na tomada de decisões financeiras; mais do que entre a Geração X (55%) ou entre os Boomers (54%).[24] Como a professora de sociologia de Harvard, Alexandra Killewald, disse ao *New York Times*, em 2018: "Nós nos agarramos à ideia de que os homens devem prover, mas afrouxamos a ideia de que as mulheres têm que ser donas de casa".[25] Mesmo na era do #MeToo, a narrativa dos anos 1950 do erotismo transacional entre pai e filha parece estar viva e passando bem. Ela apenas se esconde nas sombras.

É por isso que um pai feminista precisa reconhecer que, mesmo quando está fazendo o melhor que pode, é possível que velhas narrativas misóginas afetem não apenas a maneira como ele escolhe sua própria persona de figura paterna, mas também como ele desempenha práticas parentais e se relaciona com os filhos. Considere que mesmo as melhores intenções paternais podem abrigar pistas distorcidas que, sem querer, reforçam a dinâmica do poder patriarcal. Na superfície, pode parecer que está tudo bem. O Pai está se empenhando, fazendo tudo o que pode para cultivar filhos confiantes e bem ajustados. Ele abraça a ideia de uma dinâmica familiar mais democrática. Ele reconhece que é do interesse de seus filhos que ele elimine o autoritarismo embutido no papai-sabe-tudo e em seu repertório, mas isso não basta. É preciso mais para ser um pai feminista. Também é necessário permanecer cético, estar atento e usar os instrumentos da consciência crítica. Se você não está bastante consciente das maneiras como negocia com seus filhos, pode reproduzir as mesmas narrativas de identidade sexistas que está tentando combater.

Especialmente quando se trata de filhas, um pai feminista precisa se perguntar: como posso apoiar seu processo de biografização sem reforçar as desigualdades heteronormativas e binárias que o pensamento edipiano estágio 2.0 considera como base? E, para complicar ainda mais as coisas, você precisa fazer isso enquanto evita a autoridade patriarcal narcisista. Em outras palavras, você precisa nutrir a capacidade dela para interpretar sua persona autônoma enquanto, ao mesmo tempo, mantém seu próprio conto de fadas de pai/rei longe dos holofotes. A chave é uma paternidade sensível. É preciso reconhecer que você e sua filha estão mutuamente engajados em um processo de cobiografização. Você precisa permitir que a narrativa da sua identidade de figura paterna seja moldada por ela, da mesma forma que a narrativa da identidade adolescente dela também seja moldada por você.

Isso ficou claro para mim na primeira vez que ouvi a expressão "mitos conflitantes". Aconteceu quando eu tinha 30 anos, logo depois que meu filho mais novo nasceu, imediatamente após o episódio depressivo que descrevi na primeira parte. Eu estava fazendo terapia, vendo um analista junguiano várias vezes por semana. Naquela época, muito da minha ansiedade e angústia emocional era o resultado de descobrir que muitas das escolhas de vida que tinha feito estavam em desacordo com a imagem que eu tinha de mim mesmo e com a máscara da figura paterna que tentei mostrar aos meus filhos. Portanto, a maioria das minhas sessões envolviam refletir sobre histórias da infância. Isso significa que passei muito tempo choramingando e reclamando dos meus pais e meus irmãos mais velhos. Não me sentia visto por eles. Eu me sentia invisível, como se eles sempre se recusassem a reconhecer que minhas experiências se desviavam das deles. Um dia, depois de um discurso bem egoísta, minha analista olhou para mim, inclinou a cabeça para um lado e disse com naturalidade: "Bem, todos nós vivemos em mitos conflitantes, então não entendo por que você esperava que eles o vissem como o herói, quando obviamente esse não é o seu papel na história de nenhum deles". Isso me surpreendeu e mudou a maneira como eu interagia com todas as pessoas em minha vida, especialmente com meus filhos. Fez com que eu percebesse que uma dinâmica familiar democrática de verdade é um emaranhado vertiginoso e caótico de biografias mútuas e contraditórias.

Sendo bem honesto: eu não tenho filhas. Ou seja, não tenho crianças que se identificam como meninas. Eu reconheço – como todos os pais feministas deveriam – que é bem mais fácil para os que se identificam como meninos receber a mensagem de que seu processo de biografização autônoma é válido, do que para as que se identificam como meninas. Todos os códigos culturais estão constantemente reforçando a ideia de que os meninos um dia terão direito à autoridade patriarcal narcisista. Para as meninas, no entanto, ocorre o contrário. A maior parte do que veem na televisão, na internet e na publicidade está dizendo que suas histórias deveriam ser definidas pelos homens em sua vida. É por isso que os pais precisam fazer um esforço intencional para neutralizar a mensagem secreta ao consumidor do pensamento edipiano estágio 2.0. Como você faz isso? Escutando, atento, as histórias que seus filhos estão contando, não apenas por meio das palavras deles, mas também por meio de suas ações. Lembre-se: você não é o juiz nem o benfeitor, então não tente consertar as coisas; as identidades deles não são pneus furados, torneiras pingando ou contas-correntes no vermelho. Apenas ouça, testemunhe e permita que eles saibam que (na maioria dos casos) você está disposto a se envolver na história exatamente da maneira como o estão descrevendo – tanto que mudará sua própria história para fazê-la ecoar com a deles.

FILHA DE ALGUÉM

Quantas vezes você já ouviu alguém dizer que todos os homens deveriam ser feministas porque toda mulher é "filha de alguém"? Parece que sempre que há uma cobertura de destaque da grande mídia sobre alguma perversidade sexual cometida contra uma mulher famosa, comentários e memes inundam a internet. *Imagine se ela fosse sua mãe. Você gostaria que alguém tratasse sua irmã assim? Ela é filha de alguém!* À primeira vista, a comparação pode parecer um jeito razoável de evocar compreensão e empatia. Afinal, presumimos que as ideias são mais fáceis de entender quando contextualizadas de maneira a comunicar relevância pessoal imediata, mas nem sempre é verdade. Você não pode tomar "a hipótese do altruísmo empático" como algo certo.[26]

A hipótese do altruísmo empático é um conceito articulado originalmente pelo psicólogo C. Daniel Batson. Para ele, a empatia é sempre boa porque, supostamente, nossa capacidade de imaginar como alguém se sente aciona, de modo automático, a compaixão, a preocupação proativa e o desejo de ajudar. A maioria de nós toma isso como certo; equiparamos empatia com bondade, mas pesquisas têm mostrado que empatia nem sempre se correlaciona com altruísmo. Por exemplo, um estudo de neuroimagem descobriu que torcedores do Red Sox e do Yankees sentem tristeza quando seu time erra a rebatida, mas sentem prazer ao imaginar a decepção dos torcedores rivais quando o time deles fracassa. Ambas são reações empáticas. Uma é compassiva, a outra é o que costuma ser chamado de *schadenfreude* – o prazer que se obtém ao testemunhar ou imaginar o infortúnio de outra pessoa.[27] As pessoas tendem a experimentar o tipo altruísta de empatia por entes queridos ou membros de sua própria comunidade – aqueles com quem têm um vínculo de *philia*. Portanto, um pai pode ser bastante empático com a própria filha – talvez até com mulheres que o façam lembrar-se dela –, mas ainda pode ser um imbecil misógino em todos os outros contextos.

Por certo, ser um pai feminista tem pouco a ver com amar sua filha – ou mesmo ter empatia por pessoas que você considera estar na mesma categoria que sua filha. Em vez disso, você precisa estar comprometido a acabar com a opressão, exploração, desigualdade e todas as outras formas de injustiça social. Não há razão para supor que ter uma filha o empurra nessa direção. Na verdade, existem provas de que alguns pais enrijecem ainda mais o domínio patriarcal e a autoridade porque amam suas menininhas. Estudos mostraram que criar filhas pode tornar alguns homens mais propensos a adotar posturas conservadoras em questões políticas relacionadas a gênero, como aborto, sexo adolescente e ações afirmativas.[28] É provável que esses pais se apeguem a noções antigas de decoro feminino e protecionismo paterno. O pai se torna mais territorial, mais controlador, mais patriarcal – como se sua função, em um mundo cão, fosse proteger suas mulheres da ameaça cruel de outros homens. Talvez ele acredite que esteja em conformidade com um roteiro evolucionário. *Seja protetor; seus instintos cerebrais reptilianos o compelem a resguardar sua propriedade patrilinear*! Claro que isso não é verdade. É apenas mais uma tentativa de usar o essencialismo de gênero placa de banheiro para substanciar a misoginia sistêmica.

Alguns estudos descobriram que ter filhas faz com que certos homens exibam atitudes políticas mais liberais. Adam N. Glynn, da Universidade Emory, e Maya Sen, da Universidade de Harvard, compararam a composição familiar de 224 juízes dos Tribunais de Recursos dos Estados Unidos com os resultados de quase mil casos relacionados a gênero decididos por esses juízes – casos que tinham "gênero", "gravidez," ou "sexo" nos cabeçalhos de classificação, segundo pesquisa da LexisNexis. Glynn e Sen descobriram que "juízes com filhas votaram com frequência de forma mais feminista em questões de gênero do que juízes que tinham apenas filhos".[29] Mas esses resultados são poucos conclusivos. Outro estudo feito em 2018 por Elizabeth A. Sharrow e seus colegas da Universidade de Massachusetts revelou que o apoio do pai a políticas de igualdade de sexo está relacionado ao fato de o primeiro filho dele ser menina. Eles chamaram isso de "Efeito primeira filha". Independentemente da idade ou afiliação política existente, os pais eram mais propensos a apoiar políticas feministas se seu primogênito se identificasse como mulher. Nem ter uma filha em geral, nem ser pai de mais filhas teve o mesmo efeito.[30] O que podemos deduzir de todos esses resultados contraditórios? Não muito. Não há nenhuma evidência empírica clara que sustente a ideia de que os pais mudam sua perspectiva, a favor ou contra o feminismo, por causa das filhas.

Ainda assim, muitos homens acreditam que se tornam mais empáticos aos problemas das mulheres depois de terem filhas. Isso é o que a hashtag #GirlDad que explodiu no Twitter no início de 2020 tentava insinuar. As pessoas interpretaram exatamente dessa forma, parabenizando quem tuitou sobre suas princesinhas. Você pode culpá-los? O efeito pai-filha é uma suposição comum, uma daquelas coisas que muitos de nós tomamos como certa. Pense em quantas vezes ouvimos comentários de famosos mulherengos e pegadores; eles expressam arrependimento sobre suas antigas atitudes, agora que se tornaram um #GirlDad. Talvez seja um músico popular que já gravou letras violentas e desrespeitosas sobre conquista sexual. Talvez seja um comediante cujo ato dependia de estereótipos sexistas e misóginos. Assim que têm filhas, dizem que sentem remorso por sua retórica e seus comportamentos antigos. Agora eles tiveram um grande despertar feminista! Mas parece que o que realmente os preocupa, na maioria dos casos, é que sua filha amada possa ser tratada como presa por homens com a "predisposição inata" para predadores sexuais. Sem dúvida é uma boa frase de efeito para programas de entrevistas tarde da noite, mas a verdade é que esse tipo de protecionismo paternal é apenas mais uma manifestação do essencialismo de gênero placa de banheiro, que só serve para reforçar o *status quo* patriarcal.

Considere mais alguns exemplos. A autora Kyl Myers, descrevendo os desafios envolvidos na escolha de roupas para uma criança de colo com gênero neutro, reclama de macacõezinhos e camisetas com frases sexualizadas como "Tranque suas filhas" ou "Papai diz que só namoro depois dos 40".[31] O mesmo sentimento ecoa em piadas que você ouvirá com frequência de pais recentes. Um pai me disse: "Na primeira vez que um garoto aparecer para levar minha filha a um encontro, vou pendurar suas bolas na porta como um aviso para os outros". Esses sentimentos se disfarçam de amor protecionista e de custódia, mas não têm nada a ver com ser um pai feminista. Ao contrário, eles perpetuam as falácias do determinismo biológico. A verdade é que os indivíduos que se identificam (ou são biologicamente designados) como meninos não são naturalmente mais excitados nem mais inclinados a um comportamento sexual imprudente do que aqueles que se identificam (ou são biologicamente designados) como meninas. Mesmo que fossem, não caberia ao pai monitorar as escolhas sexuais da filha. O corpo dela não é propriedade dele. Todos os pais têm a responsabilidade de criar filhos confiantes, que possam tomar decisões sobre comportamento sexual consensual. Mas se você acha mesmo que sua filha é tão delicada, que perde a autonomia e o bom senso quando está sozinha com seu parceiro – se acha que ela ficará vermelha e exasperada por sensações físicas estranhas e confusas –, provavelmente já fracassou.

O ponto é: o desejo do pai de preservar a pureza sexual da filha está longe de ser feminismo. Assim como está longe de ser antipatriarcal a repulsa recém-descoberta de um #GirlDad pelo garoto pegador. Qualquer pai, é lógico, quer que as pessoas tratem sua filha com respeito e dignidade, mas isso não necessariamente nos diz alguma coisa sobre suas posições em relação às mulheres em geral. Kate Manne enquadra muito bem essas ideias em seu livro de 2017, *Down Girl: The Logic of Misogyny**. Ela faz isso traçando uma importante distinção entre sexismo e misoginia: "O sexismo usa jaleco; a misoginia sai para caçar bruxas". O que ela quer dizer é que o sexismo tem a ver com ideologia, que tenta justificar a desigualdade afirmando existir diferenças inerentes

---

* Em tradução livre, "Menina má: a lógica da misoginia". (N. do E.)

entre os sexos. Então, é um comportamento sexista argumentar que homens e mulheres tenham tendências naturais para desempenhar certos papéis sociais, ou que eles estejam predispostos a certos comportamentos sexuais. Aceitar as falácias do determinismo biológico implica que a luta contra a desigualdade ou a discriminação é, em última análise, fútil – que a desigualdade é apenas o modo como as coisas sempre foram e como deveriam ser.

Em contraste ao sexismo, Manne diz que a misoginia tem a ver com "impor" e "policiar". Ela se manifesta com ações, palavras e atitudes que mantêm e fortalecem as posições privilegiadas de poder dos homens cisgêneros. A palavra *misoginia* significa literalmente odiar as mulheres. Combina o grego μισο (*miso*), que significa "ódio", com γυνή (*gyna*), que significa "mulher" ou "fêmea". Como explica Manne, os misóginos "não precisam odiar as mulheres universalmente, ou mesmo de maneira muito generalizada".[32] Você pode amar sua filha, as amigas e as companheiras de time de basquete dela.[33] Você pode contratar mulheres e acreditar que elas sejam indivíduos competentes.[34] Mas ainda assim é misógino se odeia mulheres francas ou ideias políticas feministas – porque, na verdade, está se opondo a potenciais rupturas do *status quo* patriarcal.

É preciso manter essa distinção em mente se quiser ser um pai feminista. Você deve reconhecer que é fácil para um pai acreditar que a filha merece igualdade mesmo quando ele se apega a muitas das suposições sexistas do essencialismo de gênero placa de banheiro. Da mesma forma, quando se trata de estruturas de poder misóginas, um pai pode querer que a filha se sinta livre e empoderada, mas ainda policia o comportamento dela para manter sua própria autoridade patriarcal narcisista.

A analogia "filha de alguém" é, por certo, falha. Na melhor das hipóteses, é ingênua, autocongratulatória e sentimental. Na pior, é outro exemplo de autoridade patriarcal narcisista (o valor de uma mulher não deveria estar vinculado ao seu relacionamento com um homem; devemos reconhecer que ela é alguém, não apenas filha de alguém). De qualquer forma, uma coisa é clara: não há razão para associar o amor paternal a inclinações feministas. Se bobear, apostar no contrário – um Pai sexista e misógino – parece muito mais seguro. Por quê? Porque, como expliquei, a família nuclear é uma forma inerentemente patriarcal de classificar e organizar pequenos grupos de parentes sob o controle de um homem. Mesmo hoje, ela continua a empregar a mesma velha divisão de trabalho baseada no gênero. Além disso, a mitologia edipiana, tanto da ascensão assassina quanto do desejo erótico entre pai e filha, está embutida em nossa compreensão predominante do que é necessário para ser um bom pai. Portanto, há pouquíssimos motivos para pensar que um homem de família se preocupa, de maneira secreta, com questões femininas. Em alguns casos, ele pode até tentar, e suas intenções conscientes podem até ser puras, mas não há escapatória para a latente misoginia da família nuclear.

É claro que não estou sugerindo que precisamos nos livrar da família nuclear, embora as coisas pareçam seguir nessa direção. De acordo com um relatório do Pew, de 2020, apenas três em cada dez millennials vivem com o cônjuge e seus próprios filhos. A maioria não é casada ou se casou muito mais tarde do que as gerações anteriores. Enquanto 40% dos homens millennials com idades entre 22 e 37 anos têm filhos (em comparação com 46% dos membros da Geração x na mesma idade), apenas 32% relatam viver com seus filhos biológicos (em comparação com 41% dos membros da Geração x, 44% dos Boomers e 66% da geração anterior).[35] Está claro que a família nuclear anda mais impopular que nunca. Ainda assim, não me oponho a ela.

Eu moro em uma casa que se aproxima da estrutura da família nuclear. Quero dizer, chegamos o mais perto possível, apesar do divórcio e das limitações da custódia compartilhada. Enquanto escrevia este livro, fui morar com minha parceira, Amanda, e seus dois filhos, que, como os meus, passam metade do tempo morando em nossa casa. Somos o mais próximo de uma família nuclear de meio-irmãos, enteados e padrastos que se pode chegar. Jantamos juntos e temos noites de jogos e noites de filmes, e brigas entre irmãos são a norma, não a exceção; mas quando se trata de ser um pai feminista, nada sobre "ser nuclear" deixa as coisas mais fáceis; isso as torna mais desafiadoras. Agora, preciso me manter vigilante ao lembrar que a organização de nossa casa é inerentemente patriarcal. Eu preciso fazer esforços constantes para superar as desigualdades intrínsecas e me envolver, de modo intencional, em uma versão antissexista da paternidade. Para isso, sempre anuncio minhas intenções feministas para toda a família, mas não é o suficiente. "Pai feminista" não é uma fantasia que posso pegar da prateleira. Não é uma posição política que possa estampar em uma camiseta ou uma selfie que eu possa postar no Instagram. Em vez disso, preciso fazer escolhas proativas que afirmem meu compromisso contínuo com a igualdade de gêneros. Para tal, eu começo no lugar mais óbvio: pensando de maneira crítica sobre a distribuição dos trabalhos domésticos.

Estudos demonstram com frequência que mesmo na maioria dos casamentos com maridos orgulhosamente progressistas – aqueles que se proclamam homens evoluídos, feministas –, o trabalho doméstico permanece distribuído de forma desigual. Embora os homens tenham se envolvido muito mais com o cuidado da família nas últimas décadas, as mulheres ainda são as cuidadoras padrão. A autora Darcy Lockman explica que mesmo as mães que trabalham fora "dedicam o dobro do tempo aos cuidados da família em comparação aos homens".[36] E os pais sabem disso; eles não podem se fazer de idiotas. Pesquisadores dizem que pais cujas esposas ainda estão grávidas preveem que suas esposas assumirão uma parcela maior das novas responsabilidades no cuidado dos filhos. Seis meses depois, os mesmos pais relatam que fazem ainda menos do que previram no início. Mesmo em famílias com crianças mais velhas e adolescentes, desequilíbrio semelhante permanece. Sejam eles casados ou divorciados, as mães têm muito mais probabilidade do que os pais de assumir a responsabilidade por imaginar, planejar, organizar, administrar e executar a logística da vida dos filhos. Elas coordenam o transporte de ida e volta para jogos de futebol, reúnem suprimentos para viagens escolares, mantêm as crianças concentradas no dever de casa, se preparam para festas de aniversário e festas do pijama, marcam consultas para exames pediátricos e muito mais. Como as crianças entendem essas discrepâncias? Que conclusões eles tiram sobre gênero? É claro que as habilidades necessárias para realizar todas essas tarefas não acompanham competências tipicamente "femininas", mas as crianças observam seus pais e aprendem a aceitar como certas as expectativas sexistas subentendidas (e muitas vezes declaradas) da família nuclear patriarcal.

Os pais, por falar nisso, tendem a passar muito mais tempo com os filhos – jogando bola, brincando, interagindo com eles na internet ou com videogames.[37] Isso parece bom, mas também reforça a autoridade patriarcal narcisista. Assim como a antiga imagem do marido preguiçoso, com o jantar e cerveja servidos em frente ao jogo de futebol, ela transmite às crianças a mensagem de que o lar é mantido por mulheres com o objetivo de proporcionar um local de lazer e relaxamento masculino. Pior ainda, quando se trata de cuidar da família, mesmo os pais que se identificam como progressistas, evoluídos e feministas tendem a se ver como ajudantes e babás, não como administradores assertivos das tarefas parentais diárias. Eles ficam felizes em oferecer ajuda quando a mãe pede, mas quando você soma todas as suas contribuições, os pais se parecem muito mais com filhos – talvez com irmãos mais velhos e prestativos – do que com coprogenitores igualmente responsáveis.

Sabendo disso, Amanda e eu resistimos muito tempo a morar juntos. Os dois tínhamos medo de acordar um dia e descobrir que havíamos replicado sem querer os padrões desiguais de gênero da família nuclear. Estamos juntos, em uma parceria romântica e comprometida, há uma década. Em um ensaio que escrevi certa vez para o *The Good Men Project*[*], eu a descrevi assim: "Todos os dias acordamos e tentamos entender o que dois rebeldes natos, com uma tremenda aversão a restrições e repressão, precisam de um relacionamento. Eu não pertenço a ninguém. Ela diria o mesmo. Nossa proximidade mútua é baseada em um tipo de distância projetada para evitar o clichê 'você me completa'. Em vez disso, compartilhamos uma adoração mútua pela independência do outro".[38] Para reforçar, escolhemos viver separados, sempre dizendo a amigos e conhecidos que não iríamos morar juntos até que todas as crianças tivessem saído de casa. Tínhamos medo de que a paixão e o afeto de um pelo outro fossem superados pelo ressentimento e pela frustração.

Um dia, durante a pandemia de coronavírus, mudamos de ideia. Conversamos sobre como as habituais mensagens de texto e encontros presenciais não satisfaziam mais nosso desejo

---

[*] Um site americano que coleta relato de momentos marcantes na vida de homens. (N. do E.)

mútuo por um senso geral de parceria. Ambos queríamos alguém especial com quem compartilhar as rotinas de nossa vida, e um relacionamento conduzido basicamente por comunicação digital parecia inadequado, agora que a maioria do nosso tempo era vivido dentro de casa. Ao menos, foi isso que dissemos um ao outro, mas também pode ser que, em uma atmosfera tão cheia de incertezas políticas, médicas e financeiras, tivéssemos encontrado um novo sentido de conforto no modelo conhecido e heteronormativo de família. Aquele não era um momento que pedia por mais ruptura das normas! Assim, fomos à procura de uma casa e agora estamos vivendo felizes para sempre.

Contos de fadas de princesas são, em geral, associados com o corredor cor-de-rosa da loja de brinquedos, mas a verdade é que o "felizes para sempre" serve mais aos homens cisgêneros do que às pessoas que se identificam como mulheres. Por mais que a indústria de casamentos tente enquadrar o matrimônio como resultado do "verdadeiro amor" entre "almas gêmeas" com os mesmos direitos, não há como negar sua história misógina. A coabitação heterossexual já foi contratual e econômica – com frequência, apenas uma instituição que homens utilizavam para organizar mulheres e crianças como propriedades.[39] Então, o que um pai feminista pode fazer? Ele pode querer viver em uma família nuclear e abraçar uma identidade binária de figura paterna, mas também desejar combater a coleção de crenças e estruturas que alguns teóricos chamam de "heteropatriarcado".[40] Ele precisa encontrar pequenas maneiras cotidianas de evitar reproduzir a dinâmica supostamente neutra da parceria "hétero".

Uma coisa que Amanda e eu fazemos é manter um registro. Claro, o senso comum nos relacionamentos é que você nunca deve marcar pontos porque o "amor verdadeiro" não é uma competição, mas está claro que, se ninguém estiver fazendo a contabilidade, os números sempre vão pender em benefício do pai. Há mensagens demais estabelecendo expectativas desiguais de gênero para que alguém acredite seriamente que apenas o amor e a dedicação conduzirão os casais heterossexuais a um bom equilíbrio.

Um pai feminista sabe que, em uma cultura na qual mulheres e homens foram criados para acreditar na falácia de que uma família saudável combina o pensamento edipiano estágio 2.0 com a autoridade patriarcal narcisista, é necessário provocar muita conversa – e até mais registros – para se ter certeza de que as responsabilidades do lar e os cuidados com a família sejam tratados de forma equitativa.

VAGINA DENTATA

É revelador que tantas coisas que eu escrevi sobre pais e filhas tenham relação, ao menos tangencialmente, com o *eros* heterossexual. Isso mostra o quanto os tentáculos do essencialismo de gênero placa de banheiro podem ser fortes. Mesmo ao tentar desconstruir as crenças sexistas aceitas como corretas em torno da paternidade, é difícil escapar das falsas ideias sobre a atração inata ao sexo oposto. Seja a história incômoda do erotismo simbólico entre papai e filhinha ou o pretexto do protecionismo paternalista, nossas atitudes foram influenciadas de modo profundo pela suposição problemática de que identidade de gênero se desenvolve de acordo com o binário genital.

Com muita frequência, os pais me contam sobre a curva íngreme de aprendizado que tiveram de superar enquanto descobriam a melhor forma de criar as filhas. Por exemplo, uma frase comum que ouvi durante as entrevistas informais que fiz com amigos e parentes para este livro foi que era difícil se acostumar com as emoções das meninas, com suas disposições psicológicas frágeis, com sua propensão para internalizar críticas. É claro que tudo isso são estereótipos conhecidos que já foram desmascarados de centenas de maneiras diferentes, mas, mesmo muitos dos melhores pais que conheço – que sem dúvida argumentariam contra essas ideias sexistas em se tratando de mulheres no ambiente de trabalho –, parecem acreditar que deve haver alguma verdade nessas suposições problemáticas quando se trata de suas filhas.

Já deixei claro ao longo deste livro que reconheço que a anatomia reprodutiva humana não aceita um binário. Ela é um espectro, mas isso não significa que não existam desafios únicos envolvidos na criação dos indivíduos que se identificam como meninas. Significa apenas que os desafios únicos são determinados culturalmente. Claro, todos nós conhecemos pais que amam nos dizer que não pintam o quartinho do bebê nem vestem os filhos com cores convencionais. Sem azul, sem rosa. "E, ainda assim, existiam diferenças claras entre meu filho e minha filha." Foi isso que um pai me disse, enquanto ambos incentivávamos nossos filhos a agirem como rebeldes Jedi lutando contra a frota imperial Sith. "Ele gosta de caminhões e de lutar! E eu não sei como ela se tornou essa princesinha tão fofa e amorosa! Minha esposa não é assim."

Muitos pais gravitam para esse tipo de evidência anedótica ineficaz. Acho que é mais fácil atribuir as desigualdades à anatomia do que admitir sua própria culpa. Todos nós amamos nossos filhos e todos odiamos ter que lutar para protegê-los de forças que parecem fora de nosso controle, mas um pai feminista deve confrontar a verdade. Há tantas pesquisas acadêmicas em ciências sociais – para não mencionar uma quantidade exaustiva de material popular de não ficção – que demonstram a maneira como as atitudes culturais em torno de gênero são reproduzidas. O sexismo é onipresente e as crianças o internalizam, não importa o quanto seus pais tentem protegê-las. Colegas, anúncios de brinquedos e a mídia têm uma influência muito mais forte nas atitudes das crianças do que seus pais.[41] As crianças veem imagens codificadas sobre gênero em todo lugar – a masculinidade tóxica nos desenhos, as líderes de torcida fazendo biquinho nas fotos de Instagram, dramas edipianos nos cinemas. A autora e socióloga Kyl Myers expressou muito bem: "Existe uma obsessão com pênis sendo igual a menino e vulva igual a menina, e uma vez que isso está estabelecido, as crianças são colocadas em esteiras rolantes sociais diferentes e mandadas para a vida".[42] A menos que você escolha uma paternidade criativa de gênero, como Myers escolheu – usando elu, delu, delus como pronomes –, a maioria das interações que seus filhos terão com adultos e outras crianças têm a garantia de incluir mensagens sutis e explícitas sobre expectativas de gênero.

Se isso é uma verdade tão óbvia, por que alguns pais ainda acreditam em estereótipos sexistas? Por que eles consideram o comportamento de suas filhas algo tão enigmático e desconhecido? Fica claro que alguns deles se recusam a aceitar a verdade científica. Assim como com terraplanistas, não dá para argumentar com eles. Esses homens realmente não me interessam. Nem os pais que ignoram conscientemente os fatos porque estão, de propósito, tentando manter o domínio e o privilégio injustos que o patriarcado lhes proporciona. Suspeito, pelo menos, que esses homens não estejam lendo este livro. Os pais que me interessam são aqueles mais razoáveis, mas que ainda parecem acreditar teimosamente que a vagina tem poderes misteriosos e sobrenaturais – segredos que ela não vai divulgar, enigmas que a ciência jamais desvendará. Essa atitude me lembra um tema arquetípico chamado *vagina dentata*.

O termo *vagina dentata* se refere à imagem de uma vulva rodeada por dentes afiados. O exemplo mais distinto vem de um mito nativo americano,[43] mas existem casos em todos os cantos do mundo e ao longo de vários períodos históricos. Existem pinturas, gravuras e desenhos ovalados em forma de amêndoa (às vezes chamada de mandorla) – pontuda na ponta e na parte de baixo parecendo uma sessão sobreposta de um diagrama de Venn – com presas pontudas e protuberantes circunscrevendo na borda. Na lenda polinésia-maori, Hine-nui-te-pō é a deusa do submundo. "Sua boca é a de uma barracuda, e no lugar por onde os homens entram nela, há dentes afiados de obsidiana e pedra verde."[44] A Disney baseou *Moana*, seu desenho animado de 2016, no folclore polinésio, mas deixaram essa personagem de fora da história.[45] Algumas tradições têm mitos que imaginam que uma serpente se esconde dentro da vagina. Às vezes, é um caranguejo ou uma piranha. Em quase todos os casos, a *vagina dentata* está associada à ideia de que algo perigoso se esconde dentro de algo atraente. Diz-se que até mesmo a gíria "xana" está associada a esse arquétipo – os gatos (bichanos) são peludos, macios e quentes, mas também têm garras e dentes afiados.

Muitos psicanalistas dizem que a *vagina dentata* representa um medo de castração. A crítica feminista Camille Paglia considera essa uma imagem bem direta. "Metaforicamente, toda vagina possui dentes secretos, pois o homem sai menor do que era quando entrou." Ela escreve: "A mecânica básica da concepção requer ação do macho, e nada mais do que receptividade passiva da fêmea. Sexo como uma transação natural, em vez de social, portanto, realmente é uma drenagem da energia masculina pela plenitude feminina. A castração física e espiritual é o risco que todo homem corre na relação sexual com uma mulher."[46] Pela perspectiva de Paglia, a ideia de uma vagina misteriosa e sobrenatural está associada ao pavor dos homens pela suposta castração. Por certo você já conheceu pais que se apegam a uma persona alinhada com a imagem dos anos 1950, do pai estoico de seriados – pai, rei, comandante, provedor, protetor. Qualquer caracterização alternativa fere seus egos. Será que isso explica a confusão que certos pais sentem quando se trata de criar filhas? Talvez, inconscientes, eles associem o poder da vagina com uma ameaça à sua força. *Teena é manipuladora; ela pode me superar!* Talvez eles se apeguem ao essencialismo de gênero placa de banheiro porque se tornar um pai totalmente feminista – apostando na paternidade responsiva – exigiria abrir mão de muitos confortos e privilégios.

O problema com essa interpretação é que ela se baseia na autoridade patriarcal narcisista. Ela implica que o privilégio masculino é válido. Como aponta a filósofa Luce Irigaray, tanto a "ansiedade de castração" quanto a "inveja do pênis" representam exemplos problemáticos de pensamento falocêntrico. Ela os relaciona com Freud, explicando como ele especula que nossa experiência inicial observando pais de sexos opostos constitui a base da psicologia adulta. Freud imagina a primeira vez que uma criança vê um adulto nu: o órgão visível (pênis) é considerado normal e a vulva é vista como algo ausente, em vez de algo distinto. Irigaray escreve: "NUNCA EXISTE (NEM EXISTIRÁ) UMA MENININHA" (as letras maiúsculas são dela). Segundo ela, menininhas são imaginadas como menininhos sem pênis. Nesta teoria, elas são definidas pelo que está ausente. Irigaray continua: "'Ele' *vê* a desvantagem para a qual 'ele' está *anatomicamente destinado*: 'ele' tem apenas um minúsculo órgão sexual, nenhum órgão sexual, na verdade, um órgão sexual quase invisível. O clitóris, quase imperceptível".[47] Isso é essencialismo de gênero placa de banheiro em sua pior forma. Não há nada sutil nisso; a mensagem misógina é explícita.

Não há dois tipos anatômicos separados, opostos e igualitários – não é *Homens são de Marte, mulheres são de Vênus*[48] –, na verdade, há apenas um. O binário anatômico é construído sobre uma base teórica que considera a "masculinidade" como neutra e considera todas as potenciais alternativas como patológicas.

A partir dessa perspectiva, fica claro que cada vez que um pai expressa desorientação sobre a criação de filhas, ele também, inconsciente, está reforçando uma narrativa sexista do desenvolvimento infantil. Ao mesmo tempo, está redobrando o privilégio masculino. A perspectiva junguiana torna isso ainda mais claro. Com um essencialismo de gênero problemático, os junguianos tendem a associar a *vagina dentata* à mãe devoradora. Eles acham que tem a ver com uma ansiedade inata em relação à perda de controle – que um ego simbolicamente "masculino" possa ser engolido pelo inconsciente simbolicamente "feminino". Em outras palavras, a parte "masculina" racional e razoável da psiquê está sempre em risco de ser mastigada e digerida pela parte "feminina" obscura, incompreensível, misteriosa e caótica da psiquê. *Suspiro!* É uma articulação bastante sexista da ideologia masculina tradicional: a suposta feminilidade ameaça a visibilidade masculina.

Cada vez que um homem se preocupa com a castração, está reforçando essa falácia misógina de ego. Ele não está apenas lamentando a perda de privilégios indevidos de que goza por causa dos decretos institucionalizados do "heteropatriarcado", mas também está prestando um desserviço à filha de alguém. Para ser um pai feminista, você precisa rejeitar os roteiros familiares tanto de castração quanto de perplexidade com base na anatomia. Reconheça que eles servem apenas para normalizar os delírios sexistas, misóginos, homofóbicos e transfóbicos.

Para ser um pai feminista, você precisa rejeitar os roteiros familiares tanto de castração quanto de perplexidade com base na anatomia. Reconheça que eles servem apenas para normalizar os delírios sexistas, misóginos, homofóbicos e transfóbicos.

PARTE QUATRO

COMO SER UM PAI FEMINISTA

SÁBADO, 6h43 da manhã: está tranquilo no jardim dos fundos da nova casa, mesmo com quatro filhos em casa. Eles são preguiçosos. Ainda estão dormindo. Provavelmente vão babar nos travesseiros até o começo da tarde. Talvez estejam cansados de tanto YouTube e videogames na noite passada. Por mim tudo bem; deixe que descansem. Eu aproveito as manhãs tranquilas e introspectivas. Tudo parece ficar mais difícil quando as crianças estão acordadas.

Não é culpa deles. Consigo ver bem o padrão. Meu humor molda suas disposições. Eles refletem meu afeto. O comportamento deles é problemático porque o meu também é. Meu estresse passa a ser o deles – e eles não entendem o porquê. Não são eles que estão com prazos se aproximando. Eles não estão tentando entender a complicada dinâmica interpessoal dos relacionamentos adultos. Eles não estão em um estado constante de alarme, observando um mundo de repente tão cheio de incertezas e se perguntando o que restará para a próxima geração. Não é justo; eles não deveriam ter que enfrentar meus fardos emocionais.

Com certeza faço meu melhor para compartimentar meus sentimentos. Sei que não devia trazer trabalho para casa; também devia manter bem claras aquelas velhas divisões da Era Industrial. Mas como as cenouras em cubo, as ervilhas e o milho que acompanham a embalagem do bife congelado, algo sempre escapa pelas divisórias. É como se, ao tentar conter os sentimentos, eu apenas os empurrasse para mais longe. Os limites são porosos; as coisas sempre vazam. Isso me faz pensar por que, afinal, existe a persona do pai estoico. A quem serve? Não a mim; as crianças não se enganam.[1] Elas interpretam minhas reservas como uma agressão passiva. Quanto mais silencioso fico, mais elas mantêm distância. Então as vejo interagir umas com as outras exatamente da maneira que tenho interagido com elas: na maioria do tempo, distantes e frias, com respostas rápidas, inesperadas e direcionadas.

Elas imitam minha raiva e melancolia, e isso torna as coisas mais difíceis. Olho para as crianças e vejo as piores partes de mim mesmo – meu desprezo, minha imaturidade. Tenho 43 anos e ainda não me considero um adulto. A paternidade deveria ser um limiar, levando-me a uma sensação palpável de maioridade. Isso não aconteceu. A identidade comum da figura paterna nunca pareceu se encaixar. A inadequação tornou-se hostilidade, amplificada pela autoaversão e externada. É ruim para o bem-estar psicológico das crianças, mas o que devo fazer? Eu sou humano; tenho sentimentos. Eu não posso controlá-los, mesmo que quisesse. Não dá para ser perfeito com meus filhos sempre que eles precisam. E eles precisam o tempo todo, não apenas para preparar as refeições e levá-los à escola, mas também para ser um modelo de estabilidade e realização.

Ser pai não é um trabalho com intervalos para o café e hora do almoço. É exaustivo.

Às vezes tento ser transparente. Dirigindo, com meu filho de 15 anos sentado no banco do passageiro, desligo o rádio e coloco tudo para fora. *Me desculpe se pareço zangado, não é você, só estou irritado porque nada parece fácil, tudo é tão complicado, tem uma pressão de sua mãe e de sua madrasta, e o prazo para entregar meu livro está chegando, além disso, escrevi um ótimo ensaio e todas as seções de opinião continuam rejeitando, eu não tenho tempo para reescrever porque estou com muitos alunos, e os estudantes estão frustrados porque a Covid-19 empurrou as aulas para on-line, então eu quero estar disponível para eles, escrever relatórios, dar o tipo de reconhecimento que normalmente é apenas um sorriso ou um acompanhamento de algo pessoal que eles disseram na aula, mas agora preciso dedicar pelo menos quinze minutos do horário de atendimento pelo Zoom para cada um, e eu não tenho tempo para fazer do jeito que gostaria, porque também tenho que preparar o jantar e encomendar as compras, limpar o chão e ajudar você com o dever de casa.* Ele olha para mim, sem saber como responder. Confuso. Sobrecarregado. Sem palavras.

Eu paro em um sinal vermelho e coloco minha mão em seu ombro. *Você não precisa dizer nada. Não é problema seu, mas obrigado por ouvir.* Ele parece aliviado, mas imediatamente me arrependo de todo o episódio. Não é que eu desejasse não ter revelado vulnerabilidade; não é que eu tenha medo de parecer fraco, como se não tivesse tudo sob controle. Na verdade, é porque não sei se ele está realmente preparado para entender todas as coisas que acabei de dizer. E se ele internalizar isso? E se ele achar que parte disso é culpa dele? Quando estou na pior, não tenho os meios para contextualizar minhas emoções por ele. Não tenho presença de espírito para falar com intenção. Além disso, não é função dele ser meu ouvinte. Ele não deveria ser meu confidente responsável. Não está certo que eu o coloque nessa posição.

Os especialistas me diriam para revisitar o assunto em outra ocasião – sentar e ter uma conversa atenciosa com ele quando a tensão não for tão alta. Mais tarde, ficarei feliz, ele ficará aliviado por eu estar feliz e não vai querer ter uma conversa séria. Ele vai querer desfrutar da euforia. Ele vai querer brincar e aprontar. Vamos nos sentar no sofá, ele vai acenar com a cabeça, fingindo ouvir. Sua mente estará em outro lugar – talvez em algum videogame. Quando eu disser que ele pode ir brincar, ele vai pular escada acima, alegre, fazendo criancice. Vou ficar sozinho por mais alguns momentos, me perguntando se ele às vezes preferiria um tipo diferente de pai. Ele vê a jornada do herói em exibição em quase todas as histórias que assiste na Netflix e no Amazon Prime Video. Talvez já acredite nas mentiras edipianas. Talvez ele pense que um menino precisa que seu pai reproduza a apatia e a indiferença do mundo real. Talvez ele não queira um pai feminista.

Às vezes, meu filho mais novo me pergunta por que eu não posso "apenas ser normal, como todos os outros pais". Ele me diz que eu penso demais nas coisas. Ele me provoca, dizendo que um dia terá que fazer terapia para falar sobre como eu sempre o pressionei para ser divergente. Vai chorar com o analista sobre o trauma e a ansiedade de não ter permissão para se conformar com os padrões de sucesso acadêmico ou social. *Meu pai era louco! Eu pedia a ele para ajudar com meu dever de matemática e ele começava a reclamar e discursar sobre "preconceito implícito de gênero" nos problemas do mundo.* História verdadeira.

Meus filhos entendem o que estou fazendo? Por que estou fazendo isso? Eles entendem que eu sou um pai que deseja perturbar o *status quo*? Todos preferem seguir aquilo que é fácil reconhecer, mas me recuso a educar meus filhos para que obtenham dividendos familiares a partir de um individualismo severo. Esse modelo de autonomia é sexista, misógino e desatualizado. As normas imperialistas, capitalistas, de supremacia branca e heteropatriarcais precisam ser desafiadas. Claro, isso não significa que todo pai branco heterossexual, tentando acumular riqueza seja um vilão. Você pode ser todas essas coisas. Está tudo bem, desde que não patologize e prive de direitos todos os outros.

Tudo tem a ver com o que consideramos ser "normal". E um pai feminista sabe que não existe o normal.

CONSCIÊNCIA CRÍTICA

O primeiro princípio para se tornar um pai feminista é cultivar a consciência crítica. O termo "consciência crítica" vem do icônico educador brasileiro Paulo Freire. Ele também chamou de "conscientização". Descreve o conjunto de habilidades – ou talvez eu deva chamá-lo de *mindset* – que permite a uma pessoa refletir, analisar, interpretar e, em seguida, revisar seu relato pessoal da experiência vivida. Você pode achar que é fácil, mas não é.

Para entender o porquê, considere a miríade de estruturas sociais, culturais, econômicas e políticas que constituem o contexto em que todos levamos nossas vidas diárias. Os trabalhos que realizamos, as tecnologias que operamos, as comunidades com quem oramos e a mídia que acompanhamos, todos desempenham um papel na determinação das categorias que usamos para avaliar nossa experiência da realidade. Isso é o que as pessoas querem dizer quando afirmam que o gênero é culturalmente construído. Narrativas e imagens estão ao nosso redor. Elas estabelecem expectativas e moldam nossas preferências para assumir determinados papéis. Elas também influenciam nossas decisões sobre quais personas queremos adotar. Histórias familiares nos impelem a padrões previsíveis, formando nossos hábitos e moldando nossas rotinas. As pressões externas também formam as estruturas pelas quais compreendemos fenômenos psicológicos internos, criando protótipos prontos – ideais e exemplares – que usamos para nos avaliar. Muitas vezes, sequer percebemos o grau em que nossas narrativas identitárias são influenciadas por forças externas. Sentimos que nossos sonhos e aspirações surgem de dentro; por isso, deixamos de reconhecer que as atitudes que escolhemos adotar também são convenções às quais nos conformamos. Aceitamos a experiência agregada em nossa vida sem contemplar as origens de suas partes constituintes.

Como o peixe do famoso discurso de formatura que David Foster Wallace fez na faculdade de Kenyon em 2005, temos que continuar nos lembrando: isso é água.[2] Isso porque nunca é fácil enxergar a realidade em que você está nadando. Os sistemas, histórias e costumes do cotidiano vêm e vão como a maré. Eles se misturam em uma corrente ampla que você mal reconhece, na maioria das vezes. Às vezes, você fica chocado ao se ver envolvido em comportamentos – ou hábitos mentais – que traem seus valores. É quase involuntário. Você queria remar contra a corrente e talvez tenha tentado; mas quando faz uma pausa para tomar fôlego, descobre que ainda está flutuando, seguindo a corrente. Da mesma forma, você pode querer muito se tornar um pai feminista, mas continuar reforçando sem querer as mesmas velhas narrativas patriarcais. É quase impossível parar. Por quê? Porque você não consegue realmente fazer uma autorreflexão. É muito doloroso reconhecer suas próprias limitações.

Não é que você não consiga admitir quando está errado. Na maioria dos casos, provavelmente admite. Você pode até aceitar o desconforto – afinal, os movimentos contemporâneos de autoajuda, espiritualidade e desenvolvimento pessoal são quase masoquistas em suas definições do que constitui uma catarse transformadora adequada. Gritos primitivos e lágrimas torrenciais fazem parte do caminho. Há status e prestígio no tipo de autoflagelação emocional de que dependem os retiros e campos de treinamento psicoespirituais, mas mesmo aqueles que aderem a esses modelos terapêuticos têm dificuldade em reconhecer o quanto pode ser problemático seu compromisso com o essencialismo de gênero placa de banheiro. A evasão parece a única aposta segura. É um mecanismo de defesa – necessário porque, em algum nível, todos nós reconhecemos que assumir nossas falácias e falhas envolveria um trabalho de demolição sério. Teríamos que desconstruir os valores de uma vida inteira de virtudes, escolhas e ideias.

Tudo desmorona quando a base ideológica da pessoa perde sua integridade estrutural, então eu não culparia você por se esquivar das perguntas difíceis. No monomito de Joseph Campbell, essa resistência é chamada de "Recusa do Chamado". Ele escreveu: "A recusa é essencialmente uma recusa em desistir do que a pessoa considera ser o melhor para si."[3] Ele diz que, a princípio, todos os heróis evitam olhar para seus problemas contextuais, porque adiar uma jornada nos fornece a ilusão quixotesca de que estamos no controle de nossas próprias narrativas, mas nunca funciona de fato, porque também sabemos que qualquer satisfação que possamos obter do ato egocêntrico de negação terá, em última análise, vida curta. É por isso que os pais de hoje estão sofrendo. Uma voz irritante nos lembra, sem parar, que nossa aversão ao feminismo é galvanizada não pelo nosso arbítrio ou autonomia, mas pelo medo de perder os confortos familiares do privilégio masculino.

Qual é a alternativa, então? Como podemos assumir de verdade o controle de nossas ações? Como podemos nos tornar proativos para mudar a maneira como nos imaginamos como figuras paternas? Como podemos transformar o modo como respondemos ao mundo? Para isso, precisamos cultivar a consciência crítica, e, para entender o que isso acarreta, é útil considerar o trabalho de Paulo Freire em detalhes.

Freire é famoso por sua teoria de educação progressista. Você pode ter ouvido as pessoas reclamarem sobre "o modelo bancário de educação" – no qual os professores ficam na frente de uma sala e *depositam* o conteúdo acadêmico nas mentes vazias de seus alunos. Essa metáfora é emprestada de Paulo Freire.[4] Talvez você já tenha presenciado, em alguma reunião do início de calendário escolar, professores ou administradores de escola, entusiasmados, falarem sobre substituir o "sábio no palco" por um "guia ao lado". Eles lhe dizem como seus filhos terão um papel ativo em sua própria aprendizagem este ano, como seguirão seus interesses específicos, se tornarão estudiosos apaixonados, desenvolverão projetos de estudo de forma independente e em pequenos grupos. Essas são possibilidades educacionais que não seriam tão comuns e amplamente aceitas não fosse pela obra subversiva de Paulo Freire.

Freire acreditava que, quando vemos a aprendizagem como a transmissão de sabedoria e conhecimento de um especialista extraordinário para um grupo de alunos imperfeitos e incompletos, estamos limitando o potencial humano e dificultando os resultados educacionais. Por quê? Porque estamos reforçando a ideia de que a desigualdade sistêmica faz parte da ordem comum, natural e normal das coisas. A hierarquia vertical tradicional da escola passa mensagens disfarçadas e codificadas sobre poder e autonomia. Os alunos aprendem a ver o mundo por meio da estrutura que testemunharam e da qual participaram, e a relação entre autoridade e subjugação se torna um hábito. Portanto, em todos os seus empreendimentos futuros, eles tenderão para um papel ou outro – líder ou seguidor, opressor ou oprimido, dominante ou submisso. Sob essa perspectiva, todo professor deveria se perguntar: como a sala de aula é organizada? Que mensagens sutis seu arranjo comunica? Que suposições estão embutidas em nossos processos de aprendizagem diários? Quais alunos talvez precisem de assistência paternalista? Quem é tachado como autossuficiente?

Cada figura paterna deve aplicar o mesmo raciocínio à prática da criação dos filhos. Ele deve perguntar: como nossa família está organizada? Que mensagens nossos hábitos, rotinas e relações cotidianas comunicam aos nossos filhos? O que eles estão aprendendo sobre autoridade, exploração, serviço e complacência? O que minha abordagem de intervenção e disciplina diz às crianças sobre justiça e retribuição? Quem eles veem assumindo a responsabilidade por quais tarefas domésticas? Quem dá conselhos a quem? Como a família chega às grandes decisões da vida, aquelas que afetam a todos nós? Perguntas como essas estão na raiz da consciência crítica.

Freire chamou os instrutores de "animadores" em vez de "professores". Sua função não é apresentar ideias, entregar conteúdo ou gerenciar comportamentos na sala de aula. É despertar a curiosidade, despertar a consciência crítica e inspirar conversas. A maneira como você estrutura suas responsabilidades – como você se vê em relação a suas obrigações – muda a maneira como você encara o trabalho. Não caia na armadilha de replicar a "consciência opressora", que Freire diz ter uma tendência sádica de "'desanimar' tudo e todos que encontra".[5] Da mesma forma, um pai deve sempre considerar o modo como sua participação na dinâmica da família anima ou desanima seus membros. Resumindo: um pai feminista não pode se ver como o chefe dominante da família heteropatriarcal, a menos que queira passar aos filhos ideias incômodas sobre gênero, autoridade e poder.

Para enfatizar esse ponto, há mais uma coisa que você deve saber sobre Paulo Freire. Ele originalmente trabalhou com adultos carentes, ensinando habilidades de alfabetização, mas sua pedagogia sempre foi mais do que apenas a mecânica e as técnicas de leitura e escrita. Ele escreveu: "A alfabetização não envolve memorizar frases, palavras ou sílabas – objetos sem vida desconectados de um universo existencial –, mas sim uma atitude de criação e recreação, uma autotransformação produzindo uma postura de intervenção no contexto de alguém".[6] O que ele quer dizer é que o propósito da educação, não importa o assunto, deveria ser o de libertar o humano autônomo, capacitar a pessoa para desempenhar um papel ativo na reivindicação do direito de moldar sua própria realidade. Freire viu a frequência com que as pessoas se sentiam desamparadas – impotentes por narrativas de propaganda sugerindo que as coisas estão além de seu controle. Ele reconheceu que muitas pessoas acreditam, erroneamente, que não podem interferir e manipular o contexto de sua própria existência. Na verdade, elas apenas não têm a linguagem para fazer isso. Elas se sentem mais como objeto do que como sujeito. Estão adaptadas a seu contexto, em vez de integradas a ele. É por isso que a "consciência crítica" é tão importante. Ela envolve aprender a "ler" como funcionam as estruturas opressivas de poder; dedica-se a fornecer às pessoas as ferramentas necessárias para transformar seu mundo, para "criar" suas próprias histórias. As psicólogas Mary Watkins e Helene Shulman resumem bem: "A consciência crítica envolve decodificar as mentiras sociais que naturalizam o *status quo*, enquanto procura por interpretações alternativas de sua situação".[7]

Como isso se aplica aos pais? Para um pai feminista, a paternidade requer a adoção de rotinas e hábitos que desenvolvam intencionalmente a capacidade de seus filhos para a consciência crítica. Isso significa que você prioriza a autoridade intelectual deles, a capacidade de chegar a suas próprias conclusões. Mostre a seus filhos que admira quando eles constroem ideias e opiniões únicas. Uma maneira de fazer isso é elaborar perguntas difíceis para as quais você ainda não tem as respostas corretas. Essa é a parte importante: não se dê ao trabalho de perguntar, se já sabe que resposta quer ouvir. A ideia não é julgar se os pensamentos deles estão alinhados com os seus. Em vez disso, a ideia é se envolver com as perspectivas deles, mostrar que você valoriza o processo e a voz deles.

Muitos pais tentam demonstrar esse tipo de respeito pelos filhos com elogios excessivos. *Ótima ideia. Você é tão esperto. Eu amo o que você acabou de dizer.* Os adultos imaginam erroneamente que a veneração constante ajuda a construir confiança, mas do ponto de vista de um pai feminista, essa estratégia é apenas um pouco melhor do que a tóxica rigidez excessiva. Claro, é preferível a linguagem positiva do que a negativa; elogios são melhores do que críticas, mas a lisonja superficial ainda estabelece uma hierarquia transacional de recompensas, ensinando os jovens a igualar a autoestima à aprovação de figuras de autoridade. Para eles, vira um hábito buscar o endosso de pessoas com status social mais elevado. Desse modo, a admiração fingida faz muito pouco para encorajar a consciência crítica. Ao contrário, você precisa mostrar respeito por meio de suas ações. Demonstre disposição em se envolver com eles como sujeitos intelectuais. Tenha debates reais com seus filhos, incentive-os a sustentar seus argumentos, desafie suas posições da mesma forma como faria com um colega. Mostre que você os leva a sério tratando-os com dignidade, em vez de paternalismo.

Meu filho adora ter "discussões inteligentes" à mesa de jantar. Ele nunca quer chegar ao final delas. Nós debatemos coisas totalmente fúteis – a ética de Elon Musk; o que conta como uma jogada de defesa de torre; os fenômenos naturais são *causados* pela "ciência" ou a ciência é apenas uma linguagem descritiva? Às vezes é tudo questão de semântica e fica cansativo. A coisa degringola para um absurdo retórico, mas porque meu objetivo mais amplo é treiná-lo para assumir uma posição de intervenção, para se sentir com poder para moldar sua própria realidade; não quero acabar com a graça. Faço o que posso para evitar desempenhar o papel de autoridade intelectual. Não quero ser uma figura paterna que decreta a verdade final. Muitas vezes, é difícil para mim conjurar a humildade necessária para interromper o debate de forma construtiva. Eu vivo falhando. Cometo o erro de dizer: "estou entediado" ou "chega dessa conversa". Isso não é bom – isso diz a ele que os caprichos do pai devem determinar como as coisas terminam. Já nos meus dias bons digo: "Acho que chegamos a um impasse, então vamos juntos pesquisar mais sobre o assunto e retomar esta discussão outra noite". Nunca retomamos, porque nenhum de nós realmente se importava com o conteúdo. Tudo que importava era o processo.

Cultivar a consciência crítica de seus filhos é superimportante, mas não basta para pais feministas. Temos um dever ainda mais significativo de cultivar nossa própria consciência crítica – e isso pode levantar algumas sobrancelhas. Por quê? Porque Freire trabalhou com populações desprivilegiadas, ensinando a pessoas oprimidas que elas têm mais capacidade e autonomia do que pensam. Mas é óbvio que, sob o patriarcado, os pais não são privados de direitos. Na verdade, somos os opressores, não os oprimidos. Os privilégios da autoridade patriarcal narcisista estão à nossa disposição, então faz realmente algum sentido aplicar o modelo de Freire às mesmas pessoas com mais probabilidade de se beneficiar de um heteropatriarcado imperialista, da supremacia branca e capitalista? Eu acho que sim, porque, apesar de um elevado status social, esses pais não são livres de verdade. Como qualquer outra pessoa, também somos confinados por ideologias sexistas. Estamos sobrecarregados de expectativas que definem o que significa se sentir como um pai e agir como um homem. Dizem que o mundo pertence aos homens, mas nossas escolhas de como viver nele são muito limitadas.

Por favor, não me entenda errado. Não conclua que estou descrevendo os mesmos velhos fardos familiares da masculinidade tóxica. Não estou. A verdade é que eu acho que muitas das retóricas contemporâneas dizendo que homens cisgêneros precisam de mais oportunidades para expressar vulnerabilidade emocional são muito simplificadas. Sendo um tanto grosseiro, muitas vezes me parece um bando de meninos choramingando: "Por favor, alguém segure minhas bolas enquanto eu choro!". Sejamos honestos: se você já tem acesso injustificado a tudo – inclusive à autoridade para construir sua própria narrativa –, será que precisa de permissão explícita para ir à terapia também? Isso não é apenas reivindicar mais um privilégio? Não é essa a definição de se achar no direito? Sim e não.

A ideia de que os homens precisam de mais oportunidades para se envolver em experiências afetivas associadas à feminilidade, é redutora e problemática. Ela pressupõe que o bem-estar holístico vem de uma união dos traços supostamente femininos e supostamente masculinos. Portanto, isso recapitula o mesmo velho essencialismo de gênero que serve para manter o *status quo* patriarcal. Com a consciência crítica, há uma maneira mais refinada de entender as pressões constritivas da masculinidade, bem como as pressões constritivas da paternidade. Como bell hooks explica: "O patriarcado como sistema negou aos homens o acesso ao bem-estar emocional total, o que não é o mesmo que se sentir recompensado, bem-sucedido e poderoso por causa da sua capacidade de exercer controle sobre os outros".[8] Ela está apontando que os homens não vivenciam o poder patriarcal da maneira como o feminismo popularmente imagina. Não se trata apenas de viver o contrário do que as mulheres passam por conta da misoginia institucionalizada. Os homens não sentem que estão colhendo as recompensas do domínio. Não há festa da vitória acontecendo em suas cabeças. Ao contrário, a maioria dos homens se sente humilhada e frustrada por sua falta de acesso ao poder que o patriarcado afirma conceder.

Claro, isso é inconsciente. Os homens não podem admitir isso porque foram ensinados a nunca reconhecer sentimentos de inferioridade ou degradação. Essas emoções não são consideradas "viris". E o discurso sobre masculinidade tóxica acerta essa parte. O problema é que, na maioria dos casos, a pressão social para reprimir a vulnerabilidade é enquadrada como uma afronta à autonomia individual liberada dos homens. O que é visto como "injusto" é a falta de acesso masculino à verdadeira e desimpedida autoridade patriarcal narcisista. *Por que minha história não pode incluir decepção, melancolia, desamparo? Não é justo que todos os meus sentimentos não possam ser reconhecidos e expressos.* Se é assim que você vê o problema, então a solução óbvia – mais oportunidades de liberação catártica – é inerentemente ineficaz. Isso nada faz para identificar ou interromper o *status quo* sexista, misógino, homofóbico e transfóbico que, para começar, criou o problema. Portanto, a longo prazo, é obrigado a reproduzir mais das mesmas experiências tóxicas para todos.

Para ser um pai feminista, tente olhar para a mesma situação com a visão panorâmica que caracteriza a consciência crítica.

Veja como você pode assumir a responsabilidade e reconhecer a culpa. Perceba que já tem o arbítrio necessário para transformar sua realidade. Você só precisa do vocabulário certo para resolver o problema real. Você sabe que é inegável que os homens, como um grupo, estão elevados a uma posição de domínio social, mas como indivíduos, estamos perdendo a batalha homossocial pelo chamado status de macho alfa mais vezes do que a estamos vencendo. De acordo com o sociólogo Michael Kimmel: "Construímos as regras da masculinidade de modo que apenas uma fração ínfima dos homens venha a acreditar que é a maior das rodas, o mais robusto dos carvalhos, os mais virulentos repudiadores da feminilidade, os mais ousados e agressivos".[9] Por causa disso, praticamos *mansplaining** quando podemos, porque sentimos que na maioria das vezes não podemos. Portanto, o homem cisgênero não precisa necessariamente de mais oportunidades para falar sobre sentimentos, para se sentir redimido, para validar os próprios delírios quixotescos. Precisa sim de ajuda para aprender a resolver a tensão entre o prometido júbilo à identidade paterna e os sentimentos inevitáveis de inadequação que acompanham a competição patriarcal do tudo ou nada para dominar os outros. Precisamos nos distanciar dessas emoções que nos abalam para que possamos imaginar maneiras novas, mais justas e gratificantes de lidar com nossos relacionamentos.

Para ser um pai feminista, olhe para os processos de aculturação e socialização a partir da metaperspectiva que a consciência crítica concede. Veja como os privilégios do patriarcado prejudicam os homens e também as outras pessoas. Reconheça que todos os significantes implícitos da masculinidade são projetados

---

* Termo em inglês utilizado para definir situações em que um homem explica algo para uma mulher, de uma maneira paternalista ou simplista, duvidando da capacidade compreensiva da mulher. (N. do E.)

para desviar nosso foco e fortalecer o *status quo*. Portanto, em vez de olhar para nossos próprios comportamentos – e aceitar a responsabilidade pela forma como reforçamos padrões problemáticos –, muitas vezes fazemos de bode expiatório qualquer um ou qualquer coisa que nos incite a examinar a tirania ideológica do "que é óbvio".[10] Culpamos feministas, ativistas LGBTQIA+, professores universitários liberais da elite, fanáticos pela cultura de cancelamento e a suposta desvalorização do ideal masculino.[11] Recusamos o chamado.

Para ser um pai feminista, você precisa atender ao chamado. É por isso que grande parte deste livro trata da descoberta de rotinas e suposições cotidianas que reforçam as estruturas do patriarcado. O processo reflexivo de análise social e cultural é em si uma ação feminista. É urgente que os pais assumam a responsabilidade de identificar os elementos comuns da paternidade que modelam o sexismo, a exploração e a opressão. Também é hora de nos sintonizarmos com o simbolismo misógino, homofóbico e transfóbico do patriarcado. Pare de reclamar quando as pessoas apontarem essas coisas; comece a apontá-las você mesmo. Por tempo demais, temos sido complacentes com nosso analfabetismo cultural em proveito próprio.

PATERNIDADE RESPONSIVA

O segundo princípio para se tornar um pai feminista é praticar a paternidade responsiva. À primeira vista, o conceito parece tão simples e óbvio que mal precisa de uma explicação. Apenas ouça e responda mais a seus filhos, parceiros e cônjuges. Imponha e comande menos. Parece fácil, mas colocar isso em prática é mais complicado do que você pensa.

É urgente que os pais assumam a responsabilidade de identificar os elementos comuns da paternidade que modelam o sexismo, a exploração e a opressão. Também é hora de nos sintonizarmos com o simbolismo misógino, homofóbico e transfóbico do patriarcado. Pare de reclamar quando as pessoas apontarem essas coisas; comece a apontá-las você mesmo.

Muitos pais acreditam que estão sendo receptivos e acessíveis, mas o interesse próprio e o egocentrismo ainda moldam suas disposições e comportamentos. Isso acontece de maneira sub-reptícia porque – não importa o quanto os pais tentem colocar as outras pessoas em primeiro lugar – eles não conseguem se livrar da suposição cultural de que uma figura paterna é o progenitor soberano, a pessoa mais sábia, mais inteligente e mais criativa, conduzindo todas as conversas. É por isso que, ao longo deste livro, enquadrei a paternidade responsiva em contraste com a autoridade patriarcal narcisista. Eu queria questionar a maneira como os pais são ensinados a imaginar suas próprias vozes – mais altas e mais significativas do que o resto da família. Eu queria mostrar algumas das maneiras pelas quais os pais reproduzem de forma inconsciente a expectativa de que comandam o resto da humanidade por meio de uma história inerentemente patriarcal.

Temos ouvido muito sobre *mansplaining* e *manterrupting*[*]. Embora faça sentido enquadrar a inclinação à interrupção como uma ofensa, a censura por si só não ajuda os homens a reconhecer como seus maus comportamentos se enquadram em um cenário mais amplo de desigualdade sistêmica. Em última análise, abanar o dedo e repreendê-los não é uma estratégia muito eficaz. Ou faz com que os homens se sintam como crianças repreendidas – defensivos e obstinados –, ou transforma a conduta problemática em um alvo fácil para uma modificação comportamental apenas simplista. Este último é certamente melhor do que o anterior, mas em nenhum dos casos os homens dispõem das ferramentas adequadas para considerar como a

---

[*] Termo em inglês utilizado para definir situações em que um homem interrompe constantemente e desnecessariamente a fala de uma mulher. (N. do E.)

explicação desnecessária do *mansplaining* e a interrupção contínua se encaixam na narrativa maior e mais problemática da masculinidade patriarcal. É um exemplo perfeito de como lidar com o sintoma em vez da causa.

O que os homens realmente precisam é de ajuda para compreender como uma inclinação autoritária para dominar a história se encaixa no contexto mais amplo da identidade da figura paterna. Foi por isso que considerei mitos, contos de fadas, *Jornada nas estrelas* e Steve Jobs na parte dois. Eu queria demonstrar que a autoridade patriarcal narcisista está aninhada no âmago de nosso entendimento coletivo sobre o que significa ser uma pessoa autônoma e bem-sucedida. Gaslighting e ilusões quixotescas estão misturadas em nossas crenças sobre a individualidade, a realização, o individualismo e a satisfação. Nossa concepção teórica de maturidade psicológica está, de maneira intrínseca, enredada nas falácias da paternidade.

Quando se trata de *mansplaining* e *gaslighting*, reconhecemos que a autoridade patriarcal narcisista é problemática, mas considere que há muitas ocasiões em que apreciamos a capacidade do Pai de simplesmente "executar". Meus alunos da universidade costumam escrever sobre lições importantes que aprenderam com seus pais – e sempre respondendo a sugestões filosóficas não relacionadas à família. Pense em quantas vezes você ouve chavões que começam com "como meu pai sempre diz...". O clichê é relembrar com carinho os tempos em que papai nos ensinou a trocar um pneu furado, jogar uma bola, andar de bicicleta ou consertar uma torneira vazando, depois fazer uma analogia e transformá-la numa lição de vida inspiradora. Esse é o lado aparentemente bom da autoridade patriarcal narcisística: o conselho paternal bem-intencionado. *O papai sabe tudo!* Claro, às vezes é ótimo aprender com um ancião sábio que tem o benefício da experiência prática, mas essa imagem da figura paterna é complicada porque a linha entre o patriarca em seu trono, ditando o que é a verdade, e um guia sherpa* mais democrático, que apenas ajuda a limpar um caminho emaranhado, é indefinida e ambígua. Boas intenções podem se tornar "o pai sempre dá a palavra final" bem depressa.

É aqui que a consciência crítica se cruza com a paternidade responsiva. Um pai feminista precisa ter uma visão panorâmica e estar ciente da diferença entre dominar uma narrativa e ouvir o que se materializa a partir da cacofonia de mitos em conflito. Ele precisa fazer perguntas difíceis, do tipo: como posso participar da vida dos meus entes queridos sem dominar? Como posso fazer parte de um processo emergente de maturação e desenvolvimento sem reivindicar a posição dominante? Como é para um pai compartilhar o que sabe, sem saber o que é melhor? A resposta a todas essas perguntas é uma paternidade responsiva. Obviamente, trata-se de tentar ser ouvido menos e ouvir mais, porém ouvir não é tão simples quanto parece.

O filósofo francês contemporâneo Jean-Luc Nancy faz distinção entre escutar (*l'écoute*) e compreender (*l'entente*). Em francês, ambos os termos têm a ver com ouvir, e Nancy está usando jogos de linguagem poética para defender um ponto filosófico sobre o que está envolvido no ato de escutar. Ele ressalta que "ser todos ouvidos" envolve uma "tensão e um equilíbrio", uma negociação "entre um sentido (que se escuta) e uma verdade (que se entende)".[12] Seu argumento geral é complexo e a maioria dos detalhes não são relevantes para a paternidade responsiva, mas vale a pena tomar emprestada a distinção básica. É uma

---

* Sherpas são parte de uma etnia local de origem tibetana. Eles vivem no Tibet, Nepal e Índia e são escaladores extremamente habilidosos. (N. do E.)

estrutura que os pais feministas podem usar para ajudá-los a avaliar se estão educando com autoridade paternalista ou responsabilidade humanística. Em poucas palavras, escutar é ouvir; tem a ver com receber uma sensação num ato receptivo. Em contraste, compreender é um processo de pensamento – requer intenção. Envolve interpretação e análise. Um pai feminista precisa pender para a escuta; ainda assim, todas as inclinações de nossa figura paterna nos impelem para a compreensão.

Considere como, em tantas de nossas interações com nossas famílias, nos colocamos no papel de solucionadores de problemas. Nos tornamos faz-tudo, prontos para colocar nossos cintos de ferramentas e consertar qualquer coisa que esteja quebrada – tanto literal quanto metaforicamente. Um canal megapopular do YouTube oferece "conselhos 'Práticos' para as tarefas diárias". Seu criador, Rob Kenney, chama os inscritos – quase 3 milhões deles no momento em que este livro foi escrito – de "minhas crias". Ele ensina a grelhar, trocar o óleo do motor, fazer uma fogueira e muito mais. Em um dos episódios mais populares, ele diz a seu público: "Eu te amo, estou orgulhoso de você, Deus te abençoe". Mas mesmo isso foi enquadrado como solução de problemas. Como ele disse à NPR*: "Muitas pessoas nunca ouviram seus pais dizerem isso a elas".[13] Ele está sempre consertando as coisas.

Podemos chamar essa versão da figura paterna de "Pai Bricoleur", que seria o "Pai Gambiarra".[14] A palavra *bricoleur* descreve alguém que é pau para toda obra, que consegue descobrir como consertar qualquer coisa. Em francês, o termo está associado a mexer. Nas escolas primárias franco-canadenses, "faire

---

* National Public Radio (NPR) é uma organização de comunicação social, sem fins lucrativos, dos Estados Unidos. (N. do E.)

du bricolage" significa fazer artes e ofícios. O verbo *bricole*, do francês antigo, significa ir de um lado para o outro. Compreenda a etimologia de duas maneiras diferentes. Primeiro, tem a ver com ir para lá e para cá, realizando rapidamente muitas pequenas tarefas. Em segundo lugar, tem a ver com inspirar-se numa variedade de fontes e juntá-las em algo novo e útil. É semelhante ao que as pessoas querem dizer quando usam *MacGyver* como verbo, referindo-se à popular série de televisão dos anos 1980 e 1990 sobre como improvisar soluções "caseiras". Nós nos tornamos o Pai Gambiarra não apenas quando pegamos um monte de materiais aleatórios da garagem e, de alguma forma, fazemos o triturador de lixo voltar a funcionar, mas também quando transformamos histórias de vida aleatórias e trocadilhos em conselhos paternalistas. O Pai Gambiarra pensa que está sendo adaptável e improvisando, mas na verdade está levando a situação rumo ao seu jogo de ferramentas. Ele acha que está ouvindo, mas está mais compreendendo. É outra tentativa de classificar as experiências dos outros em categorias que se encaixem na realidade narrativa do pai.

Quando eu era criança, meu pai tinha centenas de pequenos potes de papinha de bebê alinhados em uma prateleira no porão. Cada um estava cheio de parafusos soltos, porcas, rebites, pregos, tachinhas – organizados por formato e tamanho. Ele sempre conseguia encontrar exatamente o que precisava, quando precisava. Acho que eu nunca poderia ser tão organizado; meu espaço de trabalho é sempre uma confusão de livros lidos pela metade, anotações manuscritas e mais cabos USB que uma pessoa precisa. Eu mal posso começar a imaginar como meu pai encontrou tempo para separar tudo aquilo. Na minha caixa de ferramentas, quase nunca usada, todas essas coisinhas estão misturadas no fundo. Eu vasculho com minhas próprias mãos até encontrar o que estava procurando e as pontas dos meus dedos acabam raladas e arranhadas. Meu orgulho fica ainda mais ferido do que minhas mãos. Eu me sinto um fracasso – como se ainda não fosse um adulto. Nenhuma pomada vai consertar isso.

Não posso deixar de associar a organização metódica do meu pai com maturidade. Não apenas porque ele é meu modelo pessoal. Classificar e categorizar têm sido historicamente associadas à paternidade. Isso se encaixa no ritual de corte do cordão umbilical e na ruptura edipiana do vínculo mãe-bebê. A figura do pai costuma ser vista como um divisor de águas simbólico – seccionando o mundo como um jantar congelado. Na verdade, antes de se tornar o lançador de raios, Zeus destronou seu pai, Cronos, Rei dos Titãs, cujo nome significa literalmente "cortar". Portanto, não surpreende que os pais às vezes compartimentem as coisas, mesmo quando é desnecessário. É algo útil quando se trata de classificar uma bagunça de parafusos soltos, porcas, rebites, pregos e tachas, mas também pode ter um lado sombrio. Pense em binários de gênero, categorias nacionalistas e políticas excessivamente partidárias.

Quando a inclinação patriarcal para classificar é muito forte, torna-se uma falácia do ego. Significa que você pensa nisso como uma característica inata da masculinidade ou da paternidade, e aí ela pode de um jeito rápido se tornar o tipo de separação partidária ou sectária que leva ao sexismo, homofobia, transfobia e a outros preconceitos. "O sectarismo é predominantemente emocional e acrítico. É arrogante, antidialógico e, portanto, anticomunicativo. É uma postura reacionária", escreve Paulo Freire. "O sectário não cria nada porque não pode amar. Desrespeitando as escolhas dos outros, ele tenta impor sua própria escolha a todos."[15] É quase como se Freire tivesse escrito essas palavras para nos ajudar a ver como o bem-intencionado Pai Gambiarra falha em ser responsivo.

Quando você aborda a partir da perspectiva de resolução de problemas do faz-tudo, do pau para toda obra, você está inclinado a negar aos outros a oportunidade de serem percebidos à sua própria maneira. Está ocupado demais tentando encaixá-los nas suas categorias. Você está desanimando tudo e todos porque está pedindo a eles que sigam o enquadramento que melhor atende ao pai. A alternativa é uma paternidade responsiva. Adoro a palavra *responsiva* porque me lembra um antigo termo tecnológico. Os desenvolvedores da web às vezes falam sobre "web design responsivo". Em poucas palavras, significa projetar um site para que se adapte à tela do usuário. Pode parecer óbvio para você, mas quando os smartphones eram novos, a maioria dos sites não levava em consideração a plataforma do visitante, o tamanho e a orientação da tela. O design responsivo lida com a construção de sites atento às limitações específicas de qualquer dispositivo. É por isso que, se você fizer login no meu site a partir de seu telefone, receberá uma página diferente da que obteria se fizesse login em seu laptop ou desktop. O site responde ao contexto em que será visualizado.

    A paternidade responsiva funciona da mesma maneira. Você reconhece que cada interação com uma criança (ou parceiro/cônjuge) envolve processos únicos e individuais de contextualização. Como um site em dispositivos diferentes, a realidade se processa de maneiras diferentes para pessoas diferentes. Ok, isso é óbvio. Todos nós sabemos que cada um tem sua própria perspectiva, sua própria maneira de classificar e categorizar, mas considere que a autoridade patriarcal narcisista espera que os outros ajustem sua visão para corresponder à estrutura do pai.

    Para praticar a paternidade responsiva, você precisa ajustar sua própria narrativa para se adequar à estrutura de sua família. Você precisa receber outras pessoas sem tentar entender como elas se classificam em seus potes de papinha de bebê.

ANTIESSENCIALISMO DE GÊNERO

O terceiro princípio para se tornar um pai feminista é se comprometer a criar seus filhos em um ambiente livre do *essencialismo de gênero placa de banheiro*. Só consigo me lembrar de uma vez em que usei a frase "isso é o que é ser um homem" com meus filhos. Foi depois do jantar. Fiquei chateado por eles terem saído correndo para jogar videogame antes de a cozinha estar limpa, então sentei com os dois e disse: "De agora em diante, espero que sempre que alguém fizer o jantar para vocês – seja eu, sua mãe, seus avós, ou o pai de um amigo –, antes de sair da cozinha, vocês perguntem se tem mais alguma coisa que podem fazer para ajudar na limpeza. Eu sei que vocês não querem, mas isso é etiqueta básica. E é isso que é ser um homem". Eu não pretendia que aquela fala fosse entendida em termos de gênero; quis dizer aquilo em termos de maturidade. Ainda assim, eu usei mal as palavras. Eu deveria ter dito: "Isso é o que significa ser um adulto".

Em nossa casa, eu cozinho quase tudo. Isso me deixa feliz. Também gosto que as crianças testemunhem uma organização do trabalho doméstico por gêneros de um jeito diferente do que costumam assistir na TV e no cinema, mas a verdadeira razão de eu cozinhar não tem nada a ver com isso. Na verdade, é só porque sou um cozinheiro melhor do que Amanda. Além disso, depois de anos sendo proprietário e gerente de restaurantes profissionais, tenho hábitos e expectativas ditatoriais terríveis no que diz respeito à preparação de alimentos. Não gosto quando há pessoas no meu espaço de trabalho. Eu odeio quando colocam as coisas no armário errado. Fico irritado quando os ingredientes na geladeira não estão rotulados e visíveis. Fico louco quando as bancadas e outros equipamentos não estão limpos e higienizados de acordo com o código de saúde. É por isso que há uma cadeira na minha cozinha – bem em frente ao balcão profissional de aço inoxidável – onde Amanda costuma se sentar e me fazer companhia enquanto eu preparo o jantar. Eu não quero a ajuda dela. É muito mais fácil para mim produzir, sozinho, um monte de comida para um bando de pré-adolescentes e adolescentes famintos.

Nesse caso, nosso desafio ao essencialismo de gênero não está relacionado às suposições culturais sobre quem deve ficar na cozinha. Não estamos sendo do contra. Não estamos tentando fazer o oposto do que normalmente se espera. Há uma abordagem muito mais sutil para a igualdade de gênero em jogo. Tentamos dividir as tarefas domésticas e os deveres dos pais com base apenas no que se encaixa bem em nossa dinâmica familiar. Distribuímos responsabilidades de acordo com os conjuntos de habilidades e preferências de cada um. Antes de irmos morar juntos, traçamos um plano num quadro branco bem grande. Estávamos preocupados com o fato de que, se permitíssemos que nossos papéis aparecessem de improviso, sem primeiro definirmos intenções claras, as velhas convenções de gênero se infiltrariam e nos influenciariam de maneira clandestina. Não queríamos presumir de forma inconsciente que a outra pessoa faria certos trabalhos sem pensar de onde vinham essas expectativas.

Para ser honesto, abandonamos o plano original muito rápido após a mudança. Nenhum de nós é organizado o suficiente para manter uma rotina regular de limpeza ou trabalho doméstico. Mesmo assim, aquela conversa inicial fez uma grande diferença: revelou muitas suposições, e suspeito que também evitou muitas discussões. Agora que estamos improvisando, usamos o quadro branco para fazer um acompanhamento; o registro nos impede de reproduzir, sem querer, noções de "neutro" que são na verdade sexistas. Essa abordagem para as tarefas domésticas tem a ver em parte com manter a boa vontade, a igualdade, o respeito – e, portanto, também a paixão – em nosso relacionamento. Mais importante, tememos que sempre que seguirmos as normas antigas, nossos filhos acabarão acreditando que o que testemunharam em nossa casa deve ser reproduzido em seus relacionamentos futuros.

Pouco tempo atrás percebemos que as crianças pensam que eu sou o chefe – que eu defino as regras da casa e Amanda, obediente, as segue. É óbvio que isso está fora de alinhamento com minhas intenções de ser um pai feminista; só que as crianças perceberam exatamente um tipo de dinâmica de poder estereotipada que nos empenhamos tanto em desafiar. Então, sentamos e tivemos uma longa conversa com eles sobre isso. Eles estão fazendo suposições de gênero? Seria por causa da dinâmica de poder que observavam nas casas de outras pessoas? Será que meu estilo mais assertivo e obstinado parece autoritário a eles? Eles estão testemunhando padrões entre os adultos que foram estabelecidos por conveniência e acabaram concluindo que isso não é consensual? Costumo bancar o policial mau quando necessário, mas quase sempre isso segue uma decisão que Amanda e eu já tínhamos tomado sobre educação infantil.

Todas as crianças se sentaram no sofá e passamos um "bastão da fala" enquanto fazíamos perguntas e compartilhávamos observações. No final das contas, não nos importávamos com o motivo por que as crianças acreditavam que eu estava no comando – de qualquer forma, nunca poderíamos ter certeza; crianças da idade deles não são capazes de articular interpretações sofisticadas de seus próprios preconceitos. Em vez disso, era a discussão em si que importava para nós. Claro, as crianças odeiam reuniões de família, mas queríamos delinear, de maneira consistente, o processo de questionar os papéis domésticos. É importante que as crianças vejam que nada sobre o trabalho que seus pais fazem deve ser dado como certo. Nossos padrões e escolhas não são fixos e imutáveis. Eles são dinâmicos e fluidos. Um pai feminista usa conversas como essa não apenas para demonstrar um compromisso com o antiessencialismo de gênero, mas também para cultivar a consciência crítica de seus filhos.

É óbvio que o essencialismo de gênero é apresentado às crianças por outros meios, além de apenas em tediosas reuniões familiares e da distribuição de tarefas. Existem muitas interações, aparentemente superficiais, entre pais, filhos e irmãos que podem reproduzir ideias problemáticas. Uma que me preocupa em especial é a "broderagem" entre pai e filho. *Broderagem* é um termo que uso para me referir à maneira como homens e meninos costumam falar em linguagem codificada, bem como o modo como usam maneirismos gestuais e comportamentais.[16] Ele se mascara como a etiqueta social aceitável e preferida na construção de uma comunidade masculina. Em geral é arrogante e vulgar, humilhante para as mulheres e descaradamente homofóbico e transfóbico. Basta pensar no banheiro do ensino médio e se lembrará de centenas de exemplos. *Você é gay! Você joga como uma menina! Não seja um maricas! Idiota!* As mensagens da broderagem são passadas como se fossem brincalhonas e inofensivas. Para muitos pais, uma forma moderada de broderagem parece uma forma razoável de encorajar o vínculo pai-filho. *Essa garçonete seria bonita se sorrisse mais. Essas garotas com quem vi você conversando depois da escola eram bem bonitas; mandou bem, cara!* É lamentável que tantas figuras paternas reforcem a broderagem em casa – fazendo comentário sobre apresentadoras "gostosas" e piscando enquanto faz piadas sobre a instabilidade emocional ou a "inferioridade" intelectual feminina. Pior ainda, algumas das metáforas agressivas e sexualmente violentas que os homens costumam usar sem o menor remorso enquanto conversam com seus filhos sobre esportes, são tão insensíveis e nojentas que não vou nem citar. Para ser um pai feminista, você precisa reconhecer que essa é uma forma de os jovens serem iniciados na "fraternidade" dos direitos masculinos indevidos. Reconheça que a broderagem é uma expressão da autoridade patriarcal narcisista, criptografada apenas para parecer inócua.

Eu odiava broderagem quando era criança. Não conseguia identificar na época, mas sempre soube que algo parecia estranho naquela etiqueta típica da camaradagem masculina. Aprendi a participar, já que minha posição social no vestiário dos meninos do ensino fundamental dependia disso, mas ela sempre me deixou confuso, principalmente quando se tratava de adultos. Cada mensagem positiva que eu recebia sobre a ética da masculinidade madura era contestada ao testemunhar a conduta diária negativa da broderagem. Eu era encorajado a admirar homens bondosos e compassivos, que também cometiam violências retóricas. As palavras e frases que eles usavam às vezes traíam suas disposições mais benevolentes. Isso me deixava confuso, tentando, desesperado, entender como as mensagens afirmativas que recebia sobre igualdade e dignidade podiam ser separadas das mensagens misóginas que eu recebia, ao mesmo tempo, sobre pertencimento e status.

Crianças não deveriam ter de conciliar as tensões de ideologias tão contraditórias. Os pais deveriam fazer isso por elas. É por isso que pais feministas precisam se comprometer em romper com a broderagem. Não há nada de bom nela; nunca é "só uma piada". A chamada "conversa de homens" passa uma mensagem aos jovens sobre em que condições uma fala misógina, homofóbica e transfóbica se torna aceitável (quando não existe nenhuma). Pior ainda: quando os pais se envolvem em broderagem com os filhos, eles reforçam a validade do essencialismo de gênero placa de banheiro. Para ser um pai feminista, aponte a broderagem sempre que a vir ou ouvir, quer venha de adultos ou de crianças. Não tenha medo de se corrigir – na frente dos filhos – quando você acabar caindo novamente nos padrões anteriores. A maioria de nós foi socialmente condicionada a se envolver com a broderagem, então é difícil abandonar o hábito. Continue tentando e não desanime.

Note que não estou apenas chamando a broderagem de masculinidade tóxica. Nem estou defendendo modos de ser mais brandos, não competitivos, menos agressivos ou supostamente femininos. É muito importante para os pais feministas lembrarem que combater o essencialismo de gênero não equivale a uma distorção psicológica de gênero. Não se trata de agir de forma "mais feminina" ou "menos masculina". Qualquer enquadramento que dependa da atribuição de características afetivas ou cognitivas de acordo com o velho falso binário continua a reforçar o fundamento essencialista de gênero da misoginia patriarcal – bem como a homofobia e a transfobia. Simplificando, tem a ver mais com aquele pensamento do "pote de papinha de bebê". A propensão de montar uma visão sobre características humanas de acordo com a lógica binária "masculino" e "feminino" é sectária, narcisista e autoritária. Você não está tentando entender as pessoas ao redor de maneira responsiva; você está esperando que as pessoas se encaixem numa forma de classificação e categorização que impõe noções de um "normal" que priva de privilégios.

Um pai feminista sabe que toda e qualquer forma de organizar indivíduos tem uma lógica embutida, uma configuração que impede algumas pessoas de serem livres. Quando pensamos que a ambiguidade de gênero pode ser uma solução à broderagem, estamos contando com uma narrativa ingênua de pseudoigualdade. Ela diz que as coisas são separadas, mas iguais, porém as coisas que não cabem nos seus potes de papinha de bebê existentes não são, em sua mente, iguais às que cabem. Elas são marginalizadas e excluídas. Forasteiras. Portanto, todas as formas de essencialismo de gênero placa de banheiro são, intrinsecamente, coercitivas e restritivas. Elas limitam nossas crenças sobre o que é possível e patologizam qualquer coisa desprivilegiada pelo patriarcado capitalista, heteronormativo e de supremacia branca.

Comprometa-se a criar seus filhos em um ambiente livre do essencialismo de gênero placa de banheiro. Estabeleça papéis familiares de acordo com conjuntos de habilidades e preferências, não a partir de normas culturais. Mostre a seus filhos que você está comprometido a sempre questionar suposições tidas como certas sobre quem deve fazer determinados trabalhos e tarefas. Evite criar laços com crianças por meio de "conversa de homens" e "noite das garotas" porque a maioria das noções convencionais de camaradagem de gênero reforçam as expectativas sexistas, escondem a mecânica da misoginia sistêmica e mantêm os padrões excludentes do domínio patriarcal.

INCLUSÃO RIGOROSA

O quarto princípio para se tornar um pai feminista é ser rigorosamente inclusivo. Isso exige estender seu compromisso com respeito, dignidade e igualdade para além das questões de gênero. Envolve a aplicação de consciência crítica de forma indiscriminada: questionando todas as instâncias da opressão sistematizada e reconhecendo as maneiras pelas quais sinais, símbolos, padrões e narrativas normalizam convenções sociais injustas.

Exige estar sintonizado com as inclinações autoritárias inerentes da hierarquia vertical, para que você consiga evitar o exercício do poder de forma dominadora ou privadora de direitos.

Onde for necessário assumir papéis de liderança – porque muitas vezes os raios são a escolha sábia, não apenas para os pais, mas para todo mundo –, você precisará alavancar seu poder de forma responsiva. Priorize ouvir em vez de compreender para ter certeza de que não está alienando vozes não familiares ou historicamente patologizadas. A inclusão rigorosa também envolve evitar sempre a participação em sistemas que reforçam, de maneira estrutural, estereótipos, preconceitos e presunções – não apenas sobre homens, mulheres e indivíduos que não se encaixam no binarismo de gênero, mas também em toda e qualquer forma de sectarismo que leva à exclusão social.

Algumas pessoas podem argumentar que o trabalho dos pais é, antes de tudo, preparar os filhos para ter sucesso no mundo como ele é. As crianças precisam aprender a se adaptar às realidades contextuais que enfrentam, mesmo que não gostemos de como as coisas são. As pessoas podem argumentar que, embora não haja base científica ao essencialismo de gênero, ele ainda é uma realidade cultural e, portanto, devemos equipar nossos filhos com as ferramentas necessárias para prosperar e se encaixar em um mundo cheio de estereótipos. Existem maneiras pelas quais até mesmo este livro se alinha com essa perspectiva. Apesar de eu saber que não existe nenhum bom argumento voltado a identidades parentais de um gênero específico, ainda estou analisando e interpretando a figura do pai – e usando os pronomes ele/dele para fazer isso – porque sei que muitas pessoas adotam a persona do pai e consideram isso como sendo inerente à figura masculina. No entanto, também sei que se eu fosse distinguir quaisquer traços paternais específicos e posicioná-los como sendo algo primordial ou para sempre masculino, estaria perpetuando as falácias mitológicas do essencialismo de gênero placa de banheiro. Ainda assim, escrevi este livro principalmente com os homens cisgêneros na cabeça, tentando equipá-los com as ferramentas feministas necessárias para navegar o *ethos* cultural atual. Por quê? Porque um pai feminista precisa ver sua família (e todos os seus outros relacionamentos) como um microcosmo de um mundo mais inclusivo. Ele precisa reconhecer que é seu dever criar filhos preparados a reconstruir uma cultura abrangente de maneira rigorosa e compreensiva.

Para esclarecer como isso se parece na prática diária, explicarei como aplico esse mesmo pensamento em minha sala de aula da faculdade. Além de todo o conteúdo acadêmico necessário, a cada semestre, passo algumas aulas ensinando aos alunos as habilidades envolvidas em *escutar atentamente* e *falar com intenção*. Essas são as habilidades cruciais da inclusão. Escutar de forma atenta tem a ver com consciência crítica. Requer testemunhar. Trata-se de evitar a tentação de possuir conhecimento ou de chegar a soluções fáceis e tangíveis. Lembro aos alunos que, na maioria das vezes, ouvimos como se estivéssemos tentando localizar um espaço geográfico onde possamos demarcar nosso próprio território intelectual. Perguntamos: *Concordo ou discordo? O que posso tirar dessa ideia? Como posso responder a essa pergunta? Esse professor pode oferecer ativos cognitivos de valor? Esse colega é tão inteligente quanto eu?* Todos esses são exemplos de ouvir com intenções autoritárias; você está tentando possuir e dominar o cenário acadêmico. É o que Paulo Freire chamou de "consciência opressora". Por outro lado, escutar de forma atenta significa colocar sua experiência bruta, inalterada do discurso antes de compreender, julgar ou chegar a uma conclusão. Para fazer isso, você precisa ouvir o que os outros estão

Um pai feminista precisa ver sua família (e todos os seus outros relacionamentos) como um microcosmo de um mundo mais inclusivo. Ele precisa reconhecer que é seu dever criar filhos preparados a reconstruir uma cultura abrangente de maneira rigorosa e compreensiva.

dizendo e presumir que representa algo que vale a pena, que é honrado e digno – mesmo quando a fala parece problemática. Você olha além da superfície e tenta estar sintonizado com uma verdade embutida. Noutras palavras, você não está prestando atenção em indicadores e significantes que dizem a qual pote de papinha para bebê o comentário pertence. Em vez disso, você está validando todos os falantes, demonstrando sua disposição de incluir as vozes deles de forma responsiva.

Falar com intenção é o resultado – em especial quando se trata de salas de aula e reuniões de negócios, a maioria de nós é péssimo nisso. Você já levantou a mão apenas para dizer ao grupo que concorda com um sentimento que já foi expresso? *Eu penso exatamente a mesma coisa, mas diria de outro jeito.* Esse não é um exemplo de alguém tentando contribuir com algo novo numa aprendizagem em grupo ou numa discussão. Ao contrário, é um exemplo de estar tentando fortalecer sua própria posição ou reformular os pensamentos de outra pessoa para que eles se alinhem com sua autoridade patriarcal narcisista. Adivinhe só: ninguém precisa ver as coisas do seu jeito. Isso não é responsivo; é como pedir ao smartphone de alguém para se ajustar automaticamente ao seu site.

Em vez disso, falar com intenção implica pensar em como suas palavras serão recebidas e considerar, de maneira profunda, se elas, primeiramente, precisam ser ouvidas. Elas contribuem com alguma coisa para a conversa coletiva? Não há como saber – e não tem como dizer de forma cuidadosa e atenta –, a menos que você já esteja escutando com intenção. Isso demonstra inclusão porque envolve necessariamente o reconhecimento de que sua voz é apenas uma parte de um processo participativo de construção de significado. O seu é apenas um entre muitos mitos conflitantes. Você pode contribuir de uma forma que delimite território e coloque barreiras, ou pode permitir que sua voz construa o tipo de plataforma em que outras possam se apoiar.

Sempre abordo essas ideias no início do semestre, mas tento revisitá-las mais tarde. Por quê? Porque quase tudo que os alunos aprenderam sobre como se envolver com a escola – durante pelo menos doze anos antes de chegarem à universidade – lhes ensinou o oposto: não pratique a escuta atenta ou a fala intencional. Podemos dizer a eles que valorizamos a inclusão (em geral, chamamos isso de diversidade), mas fazemos pouquíssimo para lhes ensinar as habilidades envolvidas em ser inclusivo. Em vez disso, promovemos uma cultura de realização individual selvagem

Com a paternidade é a mesma coisa. Os pais podem discursar sobre a importância da diversidade e inclusão, mas é raro ensinarmos a nossos filhos as habilidades necessárias para praticar os comportamentos alinhados a esses valores. Quando você pensa a respeito, é chocante. Considere a quantidade de tempo que os pais gastam em dar os tais "conselho práticos", tipicamente associados à "masculinidade". Ensinamos nossas crianças a jogar bola, a entender as regras do futebol ou do beisebol, a manusear ferramentas elétricas, a consertar um motor. A mídia está cheia de imagens inspiradoras, sugerindo que a transmissão dessas habilidades práticas do dia a dia está na base do que significa ser uma boa figura paterna. Ainda assim, quase não damos atenção ao processo de ensino das habilidades necessárias a uma inclusão rigorosa e abrangente.

Um pai feminista sabe que não é assim. Ele modela a inclusão rigorosa em cada interação familiar. Ele permite que cada voz interaja igualmente na conversa à mesa do jantar. Ele valoriza cada reação às histórias ouvidas no rádio do carro – e mesmo quando parecem idiotas ou imaturas, ele busca um significado mais profundo. Isso demonstra que ele sabe que há uma voz digna escondida sob cada comentário. Ele não compete por atenção; ele acolhe a parceria de forma responsiva. Ele também exibe uma prática de bem-estar psicológico individual que reconhece que todos nós temos vozes conflitantes em nossas cabeças; ele conta aos filhos sobre seus pensamentos e sentimentos contraditórios porque quer que eles saibam que está ouvindo de modo atento e falando com intenção, mesmo quando se trata de um diálogo interno. Ele permite que as habilidades de inclusão informem tudo o que faz.

CONCLUSÃO

FIGURA PATERNA EM PROGRESSO

DOMINGO, 8h22 *da manhã*: costumo tomar meu *espresso* em uma taça transparente Duralex de 90 mL – o tipo que você encontraria em um bistrô francês. Meus filhos nunca compraram para mim uma daquelas canecas de "melhor pai do mundo". Na verdade, não acho que meus filhos diriam que têm o melhor pai do mundo. Espero que não. Eu gostaria que eles reconhecessem que há muitas coisas que eu poderia fazer melhor. É por isso que sempre fui intencional ao dizer a meus filhos que cometo erros (eles não acham que reconheço isso com frequência). Também tento pedir desculpas quando perco a paciência – o que acontece muito mais do que gostaria. Se tudo correr conforme o planejado, um dia meus filhos me darão uma caneca que diz: "figura paterna em progresso".

Eu não estou sendo humilde. Eu acho que sou um pai incrível. Na verdade, se alguém merece a caneca mais bacana do mundo no Dia dos Pais, sou eu. Não porque comecei minha carreira de escritor como especialista em videogames e dei aos meus meninos algumas das experiências de jogo mais legais de todos os tempos. Não. É porque meus filhos têm visto o quanto estou envolvido em um processo de autocrítica. Eles reconhecem que estou sempre tentando identificar padrões culturais problemáticos, roteiros e estruturas que meus comportamentos habituais reproduzem e mantêm. Espero que eles estejam aprendendo a associar esse processo à maturidade. Eu me considero um ótimo pai porque acho que a imagem que meus filhos têm em mente do que parece ser um homem maduro é a de um pai feminista.

Eu carrego um bonequinho imaginário do meu pai no bolso. Ele é como um Darth Vader ou um Obi-Wan Kenobi de brinquedo – feito de plástico, com articulações no quadril e nos ombros. Ele fala comigo sempre que eu peço, como um super-herói. Ele aparece especialmente em reuniões de negócios ou sempre que tenho que tomar decisões financeiras. Com frequência está lá quando estou negociando – quando sinto a necessidade de demonstrar autoridade e poder, quando quero projetar a confiança do macho alfa. Ele faz parte de todas as decisões éticas que eu tomo – eu olho para ele sempre que me pergunto: *qual é a coisa certa a fazer?* Ele está lá supervisionando meus projetos de reforma – encanamento, carpintaria ou apenas pendurando uma foto numa moldura. Quando estou discutindo ou debatendo, ele aparece para me lembrar de ouvir antes de falar – porque é sempre melhor jogar suas cartas depois de ver o que seu oponente tem na mão. Ele está lá no corredor do supermercado onde ficam os freezers, me dizendo para conferir se o rótulo diz "sorvete" mesmo e não aquela porcaria de "sobremesa láctea congelada". E, por causa dele, sempre coloco meus filhos em primeiro lugar, até tirando um dia longe do trabalho caso precisem de mim; isso é o que papai sempre fez por mim.

Estou feliz por tê-lo como modelo e conselheiro. Amo meu pai e o aprecio mais do que você possa imaginar, mas meus filhos estão crescendo em um mundo diferente daquele em que eu cresci, e quero ser um tipo diferente de boneco imaginário em seus bolsos. Eu quero que eles me vejam como a imagem de uma consciência crítica, de uma paternidade responsiva, contra o essencialismo de gênero placa de banheiro e praticante da inclusão rigorosa. Espero que, quando forem adultos, chamem minha voz para contemplar as implicações sociais e políticas de suas ações.

Acho que essa coisa de paternidade está funcionando do jeito certo. Meus meninos parecem me procurar em busca de respostas para perguntas difíceis, pelo menos algumas vezes. Também sei que meus alunos buscam minha aprovação – às vezes recebo e-mails de pessoas a quem dei aulas anos atrás; eles só querem que eu saiba que estão envolvidos em um trabalho relevante de justiça social. Eu estufo meu peito de orgulho. Eu sinto que fiz a diferença. Leio as palavras deles para Amanda. E então a insegurança entra em ação.

Papai sabe tudo? Professor inspirador? Ainda me incomoda que eu continue numa posição de autoridade e poder, apesar de tudo que faço para desconstruir os comportamentos sexistas, misóginos e patriarcais que todos nós somos educados a dar como certos. Tento muito ser exemplo de uma maneira diferente de agir, mas não há como evitar o privilégio que a sociedade concede às figuras paternas. Fingir o contrário faria de mim um cúmplice. Os homens têm privilégios. Há muito poder em ser pai.

Queridos pais: eu imploro, por favor, empunhem esse poder de forma feminista.

AGRADECIMENTOS

Escrever e pesquisar para este livro foi muito mais árduo do que eu esperava. Tenho sorte de ter uma editora excepcional: Tracy Behar. Ela guiou o processo com notável paciência (e, às vezes, impaciência). Quando comecei a trabalhar neste projeto, no verão de 2019, eu disse a Tracy que precisava ser livre para levar o texto para os lugares mais radicais e extremos que ele seguisse, enquanto confiava que ela fosse me trazer de volta e me ajudar a retomar o foco quando necessário. Foi necessário com frequência, e sempre confiei nela.

Obrigado também a Jules, Jess, Ian, e todas as outras pessoas maravilhosas da Little, Brown que apoiaram tanto meu trabalho. Bonnie Solow não apenas é uma excelente agente literária, mas também uma amiga, confidente e conselheira. Ela atende tantas ligações telefônicas maníacas minhas, responde calmamente à minha paranoia, me anima quando preciso disso. Jazz Paquet leu a penúltima versão deste livro; suas notas foram iluminadoras e encorajadoras.

Uma noite – um tempão atrás –, na lanchonete, meu amigo Mac e eu tivemos uma conversa sobre sexo, gênero e identidade. Eu estava *tão* errado na época. Tenho tentado entender aquele olhar de desprezo, desdém e descrença que *elu* me deu desde então; agora acho que entendi.

George Papandreou demonstra consistentemente para mim que ideias tradicionais de poder do macho alfa não são pré-requisito para uma liderança significativa. E também as histórias pessoais que ele compartilhou comigo sobre como foi trabalhar com Paulo Freire me deram o entusiasmo necessário para colocar a consciência crítica no centro deste livro.

Michael Stipe tem sido um amigo, um modelo a seguir, uma inspiração por quase duas décadas; é difícil imaginar que eu teria escrito do jeito que escrevi sem sua influência em minha vida.

A discussão que tive com Ben Lee no início do processo de escrita me ajudou a entender que era imperativo que eu desconstruísse o essencialismo de gênero junguiano neste livro. Muitas conversas com Roxanne Partridge – especialmente uma discussão tarde da noite na Aletis House sobre a natureza do patriarcado – me deram a direção das ideias neste livro. Robert Granat é um defensor da inclusão rigorosa com uma atitude especialmente cínica, o que fez dele um excelente ouvinte enquanto lidava com algumas decisões editoriais difíceis. Frankie Tartaglia me disse que livros com capa amarela são os que mais chamam atenção. Jen Boulden gritou comigo de maneira implacável até que cheguei a um subtítulo que atingiu suas expectativas. Meghan McDermott está sempre desafiando, apoiando e celebrando minhas ideias. Quando Mary Watkins me apresentou à psicologia comunitária e da libertação, não pensei que estivesse interessado; o tema tem delineado todo o meu trabalho desde então. Ed Casey me ensinou como as ferramentas da fenomenologia podem ser voltadas para problemas sociais e políticos comuns.

Sou grato a todos os alunos que se juntaram a mim nas salas de aula da Universidade Temple; eles, de forma consistente, derrubam minhas expectativas e suposições, forçando-me a reformular meu pensamento de formas mais justas e compreensíveis. Ruth Ost e o resto do programa de honras da Universidade Temple me cumprimentavam quase todas as manhãs (pré-Covid-19), sem nunca reclamar por eu ter cooptado uma mesa em seu espaço; escrevi a proposta original para este livro naquela mesa. Douglas Greenfield, Dustin Kidd, Emily Carlin e todos os meus colegas do Programa de Herança Intelectual continuam a ser uma comunidade significativa e solidária.

Mamãe, papai, Jessica, Courtney, o filho sábio e o filho inteligente – junto a minhas sobrinhas e sobrinhos – constituem a melhor família que se possa imaginar. Tenho sorte.

Meus filhos e enteados merecem mil recompensas por suportar meu estresse e ansiedade conforme o prazo deste livro se aproximava, mas eu não vou dar nada a eles porque eles sempre se esquecem de colocar seus pratos na máquina de lavar louça. Amanda é tudo.

LIVROS E ARTIGOS CONSULTADOS

Abramson, Kate. Turning Up the Lights on Gaslighting. *Philosophical Perspectives*, vol. 28, n. 1, dez. 2014, 1-30.

Adams, Jimi; Light, Ryan. Scientific Consensus, the Law, and Same Sex Parenting Outcomes. *Social Science Research*, v. 53, set. 2015, 300-310.

Adams, Michael Vannoy. *The Mythological Unconscious*. Londres: Karnac Books, 2001.

Adichie, Chimamanda Ngozi. *Para educar crianças feministas: um manifesto*. São Paulo: Companhia das Letras, 2017

_____. *Sejamos todos feministas*. São Paulo: Companhia das Letras, 2015.

American Psychological Association, Boys and Men Guidelines Group. *APA Guidelines for Psychological Practice with Boys and Men*. 2018. Disponível em: https://www.apa.org/about/policy/boys-men-practice-guidelines.pdf. Acessado em: 01 set. 2021.

Aristóteles. *Aristotle in 23 Volumes*, v. 19, traduzido por H. Rackham. Cambridge: Harvard University Press; Londres: William Heinemann Ltd., 1934.

Barker, Meg-John; Scheele, Julia. *Queer: A Graphic History*. Londres: Icon, 2016.

Barthes, Roland. *Mitologias*. Rio de Janeiro: Difel, 2002.

Batson, C. Daniel et al. Empathic Joy and the Empathy-Altruism Hypothesis. *Journal of Personality and Social Psychology*, v. 61, n. 3, 1991, 413-426.

Beck, Ulrich. Democratization of the Family. *Childhood*, v. 4, n. 2, 1997, 151-168.

Bernard, Tara Siegel. When She Earns More: As Roles Shift, Old Ideas on Who Pays the Bills Persist. *New York Times*, 6 jul. 2018. Disponível em: http://nytimes.com/2018/07/06/your-money/marriage-men-women-finances.html. Acessado em: 01 set. 2021.

Black, Michael Ian. *A Better Man: A (Mostly Serious) Letter to My Son*. Chapel Hill: Algonquin Books, 2020.

Blum-Ross, Alicia; Livingstone, Sonia. *Parenting for a Digital Future: How Hopes and Fears about Technology Shape Children's Lives*. Nova York: Oxford University Press, 2020.

brown, adrienne maree. *Emergent Strategy: Shaping Change, Changing Worlds*. Chico: AK Press, 2017.

Butler, Judith. *A força da não violência: um vínculo ético-político*. São Paulo: Boitempo, 2021.

Callard, Agnes. Acceptance Parenting. *The Point*, 2 out. 2020. Disponível em: http://thepointmag.com/examined-life/acceptance-parenting/. Acessado em: 01 set. 2021.

Campbell, Joseph. *O herói de mil faces*. São Paulo: Pensamento, 1989.

Carroll, Abigail. *Three Squares: The Invention of the American Meal*. Nova York: Basic Books, 2013.

Carroll, Noël; Carlyle, Thomas. *Cambridge Dictionary of Philosophy*. Editado por Robert Audi. 2.ed. Cambridge: Cambridge University Press, 1999.

Center for Pew Research. *As Millennials Near 40, They're Approaching Family Life Differently Than Previous Generations*. 2020.

_____. *Marriage and Cohabitation in the US*. 2019.

Cervantes, Miguel de. *Dom Quixote*. Trad. Edith Grossman. Nova York: HarperCollins, 2003.

Chamorro-Premuzic, Tomas. *Why Do So Many Incompetent Men Become Leaders? (And How to Fix It)*. Boston: Harvard Business Review Press, 2019.

Chilton, Bruce. *Christianity: The Basics*. Londres: Taylor & Francis, 2014.

_____.*Rabbi Jesus*. Nova York: Bantam, 2000.

Coontz, Stephanie. *Marriage, a History: How Love Conquered Marriage*. Nova York: Penguin Publishing Group, 2006.

_____.*The Way We Never Were: American Families and the Nostalgia Trip*. Nova York: Basic Books, 2016.

Covey, Stephen R. *Os 7 hábitos das pessoas altamente eficazes: lições poderosas para a transformação pessoal*. Rio de Janeiro: BestSeller, 2009.

Coward, Rosalind. *Patriarchal Precedents: Sexuality and Social Relations*. Londres: Routledge & Kegan Paul, 1983.

Dancy, T. Elon. Imposter Syndrome. In: Kevin L. Nadal (ed.). *The SAGE Encyclopedia of Psychology and Gender*. Thousand Oaks: Sage, 2017. p.934-935.

Deaton, Jeremy. Einstein Showed Newton Was Wrong about Gravity. Now Scientists Are Coming for Einstein. *NBC News*, 3 ago. 2019. Disponível em: http://nbcnews.com/mach/science/einstein-showed-newton-was-wrong-about-gravity-now-scientists-are-ncna1038671. Acessado em: 01 set. 2021.

D'Emilio, John. *Making Trouble: Essays on Gay History, Politics, and the University*. Londres: Routledge, 1992.

Dermott, Esther. *Intimate Fatherhood: A Sociological Analysis*. Londres: Routledge, 2008.

Derrida, Jacques. *A escritura e a diferença*. São Paulo: Perspectiva, 2019.

Descartes, René. *Discurso do método*. Porto Alegre: L&PM, 2013.

Devlin, Keith. *Goodbye Descartes: The End of Logic and the Search for a New Cosmology of the Mind*. Nova York: John Wiley & Sons, Inc., 1997.

Devlin, Rachel. *Relative Intimacy: Fathers, Adolescent Daughters, and Postwar American Culture*. Chapel Hill: University of North Carolina Press, 2005.

Elliott, Anthony. *Concepts of the Self*. Malden: Polity, 2014.

Engels, Friedrich. *A origem da família, da propriedade privada e do Estado*. Rio de Janeiro: BestBolso, 2014.

Faludi, Susan. *Domados: como a cultura traiu o homem americano*. Rio de Janeiro: Rocco, 2006.

Fausto-Sterling, Anne. *Sex/Gender: Biology in a Social World*. Londres: Routledge, 2012.

Fine, Cordelia. *Testosterona Rex: mitos de sexo, ciência e sociedade*. São Paulo: Três Estrelas, 2018.

Foucault, Michel. *História da sexualidade: a vontade de saber*. Rio de Janeiro: Paz e Terra, 2020.

Frazer, James George. *Totemism and Exogamy*. Nova York: Cosimo Classics, 2010.

Freire, Paulo. *Pedagogy of the Oppressed*. 50th Anniversary Edition. Prefácio de Donaldo Macedo. Nova York: Bloomsbury USA Academic, 2018. Publicado no Brasil com o título *Pedagogia do oprimido*. Rio de Janeiro: Paz e Terra, 2019.

_____. *Educação como prática da liberdade*. Rio de Janeiro: Paz e Terra, 2019.

Freud, Sigmund. *O mal-estar na civilização*. São Paulo: Penguin-Companhia, 2011.

Fuss, Diana. *Inside/Out: Lesbian Theories, Gay Theories*. Londres: Taylor & Francis, 1991.

Glynn, Adam; Sen, Maya. Identifying Judicial Empathy: Does Having Daughters Cause Judges to Rule for Women's Issues? *American Journal of Political Science*, v. 59, n. 1, 37-54.

Goffman, Erving; Lement, Charles; Branaman, Ann. *The Goffman Reader*. Malden: Blackwell, 1997.

Gottlieb, Lori. *Talvez você deva conversar com alguém: uma terapeuta, o terapeuta dela e a vida de todos nós*. São Paulo: Vestígio, 2020.

Gray, John. *Homens são de Marte, mulheres são de Vênus: um guia prático para melhorar a comunicação e conseguir o que você quer nos seus relacionamentos*. Rio de Janeiro: Bicicleta Amarela, 2015.

Green, Elliot. What are the most-cited publications in the social sciences (according to Google Scholar)? 12 mai. 2016. *blogs.lse.ac.uk*. Disponível em: http://blogs.Ise.ac.uk/impactofsocialsciences/2016/05/12/what-are-the-most-cited-publications-in-the-social-sciences-according-to-google-scholar/. Acessado em: 01 set. 2021.

Griffin, Susan. *The Eros of Everyday Life: Essays on Ecology, Gender and Society*. Nova York: Doubleday, 1995.

Grimm, Jacob; Grimm, Wilhelm. *Fairy Tales*: The Complete Original Collection with Over 200 Stories. Sudbury: Ebookit.com, 2013.

Gutmann, Matthew. *Are Men Animals? How Modern Masculinity Sells Men Short*. Nova York: Basic Books, 2019.

Halberstam, Judith. *The Queer Art of Failure*. Durham: Duke University Press, 2011.

Halperin, David. *One Hundred Years of Homosexuality and Other Essays on Greek Love*. Nova York: Routledge, 1990.

Hanh, Thich Nhat. *A essência dos ensinamentos de Buda: transformando o sofrimento em paz, alegria e libertação*. Petrópolis: Vozes, 2019.

Harmon, Amy. 'They' Is the Word of the Year, Merriam-Webster Says, Noting Its Singular Rise. *New York Times*, 10 dez. 2019. Disponível em: http://nytimes.com/2019/12/10/us/merriam-webster-they-word-year.html. Acessado em: 02 set. 2021.

Harper's Index. *Harper's Magazine*, jan. 2020.

Harris, Bud. *The Father Quest: Rediscovering An Elemental Psychic Force*. Alexander Books, 1996.

Hartocollis, Peter. Origins and Evolution of the Oedipus Complex as Conceptualized by Freud. *Psychoanalytic Review*, v. 92, n. 3, 315-334.

Headley, Maria Dahvana. *Beowulf: A New Translation*. Nova York: Farrar, Straus and Giroux, 2020.

Heidegger, Martin. *The Question Concerning Technology, and Other Essays*. Trad. William Lovitt. Londres: HarperCollins, 1977.

Heifitz, Ronald; Grashow, Alexander; Linsky, Marty. *The Practice of Adaptive Leadership: Tools and Tactics for Changing Your Organization and the World*. Cambridge: Harvard Business Press, 2009.

Hillman, James. *Mythic Figures*. Putnam: Spring Publications, 2007.

_____. *Re-Visioning Psychology*. Nova York: HarperCollins, 1992.

Homero. *Ilíada*. Londres: Hackett Publishing, 1997.

_____. *Odisseia*. Trad. Emily Wilson. Nova York: W. W. Norton and Company, 2018.

hooks, bell. *O feminismo é para todo mundo: políticas arrebatadoras*. Rio de Janeiro: Rosa dos Tempos, 2018.

_____. *Teoria feminista: da margem ao centro*. São Paulo: Perspectiva, 2019.

_____. *The Will to Change: Men, Masculinity, and Love*. Londres: Atria Books, 2004.

Irigaray, Luce. *Speculum of the Other Woman*. Ithaca: Cornell University Press, 1985.

Isaacson, Walter. *Steve Jobs*. São Paulo: Companhia das Letras, 2011.

Jagose, Annamarie. *Queer Theory: An Introduction*. Nova York: New York University Press, 1996.

Joel, Daphna; Vikhanski, Luba. *Gender Mosaic: Beyond the Myth of the Male and Female Brain*. Nova York: Little, Brown Spark, 2019.

Johnson, Eric Michael. Raising Darwin's Consciousness: An Interview with Sarah Blaffer Hrdy on Mother Nature. *Scientific American*, 16 mar. 2012. Disponível em: http://blogs.scientificamerican.com/primate-diaries/raising-darwins-consciousness-an-interview-with-sarah-blaffer-hrdy-on-mother-nature/. Acessado em: 02 set. 2021.

Jordan-Young, Rebecca M.; Karkazis, Katrina. *Testosterone*: *An Unauthorized Biography*. Cambridge: Harvard University Press, 2019.

Joseph Campbell and the Power of Myth. Public Square Media, Inc., 1988. Série de vídeos disponível em: http://billmoyers.com/series/joseph-campbell-and-the-power-of-myth-1988/. Acessado em: 02 set. 2021.

Jung, Carl G. *Tipos psicológicos*. 7.ed. Petrópolis: Vozes, 2013.

_____. *Psicologia do inconsciente: dois escritos sobre psicologia analítica*. 24.ed. Petrópolis: Vozes, 2014.

Kahn, Jack S. *An Introduction to Masculinities*. Londres: Wiley-Blackwell, 2009.

Kamenetz, Anya. *The Art of Screen Time*. Nova York: PublicAffairs, 2018.

Kimmel, Michael; Brod, Harry. Masculinity as Homophobia: Fear, Shame, and Silence in the Construction of Gender Identity. *Theorizing Masculinities*. Newbury Park: Sage, 1994. p.119-141.

Kimmel, Michael S. *Manhood in America*: *A Cultural History*. Oxford: Oxford University Press, 2006.

Klasco, Richard. Is There Such a Thing as a 'Sugar High'? *New York Times*, 25 fev. 2020. Disponível em: http://nytimes.com/2020/02/21/well/eat/is-there-such-a-thing-as-a-sugar-high.html. Acessado em: 09 set. 2021.

Kuhn, Thomas S. *A estrutura das revoluções científicas*. 17.ed. São Paulo: Perspectiva, 2017.

Lamb, Michael E. *The Role of the Father in Child Development.* 4.ed. Hoboken: Wiley, 2004.

Lang, Gregory E.; Lankford-Moran, Janet (ilustrador). *Why a Daughter Needs a Dad* (edição miniatura). Nova York: Sourcebooks, 2011.

Larson, Stephen; Larson, Robin. *Joseph Campbell: A Fire in the Mind. The Authorized Biography.* Rochester: Inner Traditions, 2002.

Lévi-Strauss, Claude. *O pensamento selvagem.* Campinas: Papirus Editora, 1990.

Linton, David. *Men and Menstruation.* Nova York: Peter Lang, 2019.

Livingston, Gretchen; Parker, Kim. 8 Facts about American Dads. *Pew Research Center.* 12 jun. 2019. Disponível em: http://pewresearch.org/fact-tank/2019/06/12/fathers-day-facts/. Acessado em: 09 set. 2021.

Lockman, Darcy. *All The Rage: Mothers, Fathers, and the Myth of Equal Partnership.* Nova York: Harpers, 2019.

Long Chu, Andrea. *Females.* Londres: Verso, 2019.

Lupton, Deborah; Barclay, Lesley. *Constructing Fatherhood.* Londres: Sage, 1997.

Machin, Anna. How Men's Bodies Change When They Become Fathers. *New York Times: Parenting*, 13 jun. 2019. Disponível em: http://parenting.nytimes.com/health/fatherhood-mens-bodies?mcid=NYT&mc=EInternal&subid=Parenting&type=content. Acessado em: 09 set. 2021.

Manne, Kate. *Down Girl: The Logic of Misogyny.* Nova York: Oxford University Press, 2019.

_____. *Entitled: How Male Privilege Hurts Women.* Nova York: Crown, 2020.

Martin, Wednesday. *Untrue: Why Nearly Everything We Believe About Women, Lust, and Infidelity Is Wrong and How the New Science Can Set Us Free.* Nova York: Little, Brown Spark, 2018.

Massoni, Kelley. 'Teena Goes to Market': Seventeen Magazine and the Early Construction of the Teen Girl (As) Consumer. *The Journal of American Culture*, v. 29, n. 1, 31-42.

_____. *Fashioning Teenagers: A Cultural History of Seventeen Magazine.* Walnut Creek: Left Coast Press, 2010.

Milanich, Nara B. *Paternity: The Elusive Quest for the Father.* Cambridge: Harvard University Press, 2019.

Moore, Robert; Gillette, Douglas. *King, Warrior, Magician, Lover.* São Francisco: Harper, 1990.

Myers, Kyl. *Raising Them: Our Adventure in Gender Creative Parenting.* Amazon Publishing, 2020.

Nancy, Jean-Luc. *Listening.* Nova York: Fordham University Press, 2007.

Neumann, Erich. *A grande mãe: um estudo histórico sobre os arquétipos, simbolismos e as manifestações femininas do inconsciente.* São Paulo: Cultrix, 2021.

Newman, Lucile. The Couvade: A Reply to Kupferer. *American Anthropologist*, v. 68, n. 1, 1966, new series, 153-156.

NPR. *Dad's YouTube Channel Advises How to Change a Flat, Other Life Skills.* 18 jun. 2020. Disponível em: http://npr.org/2020/06/18/879892191/dads-youtube-channel-advises-how-to-change-a-flat-other-life-skills. Acessado em: 09 set. 2021.

Orenstein, Peggy. *Boys & Sex: Young Men on Hookups, Love, Porn, Consent, and Navigating the New Masculinity.* Nova York: Harper, 2020.

Orlinsky, Harry M. *The Torah: The Five Books of Moses.* Filadélfia: Jewish Publication Society of America, 1967.

Otero, Solimar. Fearing our Mothers: An Overview of the Psychoanalytic Theories Concerning Vagina Dentata. *The American Journal of Psychoanalysis*, v. 56, n. 3, 1996, 269.

Paglia, Camille. *Sexual Personae.* New Haven: Yale University Press, 1990.

Paris, Ginette. *Pagan Meditations.* Woodstock: Spring Publications, 1986.

Patterson, Jodie. *The Bold World: A Memoir of Family and Transformation.* Nova York: Ballantine, 2019.

Perris, Simon. What Does Hine-Nui-Te-Pō Look Like? A Case Study of Oral Tradition, Myth, and Literature in Aotearoa New Zealand. *Journal of the Polynesian Society*, v. 127, n. 4, 2018, 365-388.

Peterson, Jordan. *12 regras para a vida: um antídoto para o caos.* Rio de Janeiro: Alta Books, 2018.

Plank, Liz. *For the Love of Men: A New Vision of Mindful Masculinity.* Nova York: St. Martin's Press, 2019.

Platão. *O banquete.* Trad. Alexander Nehamas e Paul Woodruff. Indianapolis: Hackett, 1989.

_____. *O julgamento de Sócrates.* Trad. C. D. C. Reeve. Indianapolis: Hackett, 2002.

Pruett, Kyle D. *Fatherneed: Why Father Care Is as Essential as Mother Care for Your Child.* Nova York: The Free Press, 2000.

Pugh, Allison. *Longing and Belonging: Parents, Children, and Consumer Culture.* Berkeley: University of California Press, 2009.

Raeburn, Paul. *Do Fathers Matter? What Science Tells Us About the Parent We've Overlooked.* Nova York: Scientific American/Farrar, Straus and Giroux, 2014.

Rankine, Claudia. *Só nós: uma conversa americana.* São Paulo: Todavia, 2021.

Real, Terrence. *How Can I Get Through to You: Closing the Intimacy Gap Between Men and Women.* Nova York: Fireside, 2002.

Ruhl, Sarah. *Eurydice.* Nova York: Samuel French, 2008.

Rushdie, Salman. *Quichotte.* São Paulo: Companhia das Letras, 2021.

Salam, Maya. What Is Toxic Masculinity? *New York Times*, 22 jan. 2019. Disponível em: http://nytimes.com/2019/01/22/us/toxic-masculinity.html. Acessado em: 10 set. 2021.

Sapolsky, Robert M. *The Trouble with Testosterone and Other Essays on the Biology of the Human Predicament.* Nova York: Scribner, 1997.

Sartre, Jean-Paul. *Basic Writings*. Editado por Stephen Priest. Londres: Routledge, 2001.

Sax, Leonard. How Common Is Intersex? A Response to Anne Fausto Sterling. *Journal of Sex Research*, v. 39, n. 3, 2002, 174-178.

_____. *Boys Adrift: The Five Factors Driving the Growing Epidemic of Unmotivated Boys and Underachieving Young Men*. Nova York: Basic Books, 2009.

Sears, Martha; Sears, William. *The Attachment Parenting Book: A Commonsense Guide to Understanding and Nurturing Your Baby*. Nova York: Little, Brown, 2001.

Shapiro, Jordan. Pulling Pork: Intimacy, Commitment, and Outdoor Cooking. *The Good Men Project*, 10 jul. 2013. Disponível em: http://goodmenproject.com/featured-content/pulling-pork-intimacy-commitment-andoutdoor-cooking/. Acessado em: 10 set. 2021.

_____. *The New Childhood: Raising Kids to Thrive in a Connected World*. Nova York: Little, Brown Spark, 2018.

Sharrow, Elizabeth. The First-Daughter Effect: The Impact of Fathering Daughters on Men's Preferences for Gender-Equality Policies. *Public Opinion Quarterly*, v. 82, n. 3, 2018, 493-523.

Shulman, Helene; Watkins, Mary. *Toward Psychologies of Liberation*. Londres: Palgrave Macmillan, 2008.

Shulster, Michael, Bernie, Aaron M.; Ramasamy, Ranjith. The Role of Estradiol in Male Reproductive Function. *Asian Journal of Andrology*, v. 18, n. 3, mai./jun. 2016, 434–440.

Solnit, Rebecca. *Os homens explicam tudo para mim*. São Paulo: Cultrix, 2017.

_____. *De quem é esta história?: feminismos para os tempos atuais*. São Paulo: Companhia das Letras, 2020.

_____. *Recordações da minha inexistência: memórias*. São Paulo: Companhia das Letras, 2021.

SRY gene, sex determining region Y. Medline Plus, n.d. Disponível em: http://ghr.nlm.nih.gov/gene/SRY#conditions. Acessado em: 04 fev. 2020.

Stark, Cynthia A. Gaslighting, Misogyny, and Psychological Oppression. The Monist, v. 102, n. 2, 2019, 221.

Steinberg, Amanda. Worth It: Your Life, Your Money, Your Terms. Nova York: North Star Way, 2017.

Stolorow, Robert D. World, Affectivity, Trauma: Heidegger and Post-Cartesian Psychoanalysis. Nova York: Routledge, 2011.

Stueber, Karsten. Empathy. In: The Stanford Encyclopedia of Philosophy. Edward N. Zalta (ed.). Stanford: Stanford University, 2017.

Swanson, Barrett. Men at Work: Is There a Masculine Cure for Toxic Masculinity? Harper's Magazine, nov. 2019, 22-33.

Tasker, Fiona. Same-Sex Parenting and Child Development: Reviewing the Contribution of Parental Gender. Journal of Marriage and Family, v. 72, n. 1, fev. 2010, 35-40.

UBS. Own Your Worth. 2018.

Valdes, Francisco. Unpacking Hetero-Patriarchy: Tracing the Conflation of Sex, Gender & Sexual Orientation to Its Origins. Yale Journal of Law & the Humanities, v. 8, n. 1, 1996, 161-212.

Varbanova, Vladimira; Hogan, John D. Hogan. Deutsch, Helene. In: Robert W. Rieber R. (ed.). Encyclopedia of the History of Psychological Theories. Nova York: Springer, 2012.

Vernant, Jean-Pierre. O universo, os deuses, os homens. São Paulo: Companhia das Letras, 2000.

Von Franz, Marie-Louise. Puer Aeternus: a luta do adulto contra o paraíso da infância. São Paulo: Paulus, 1992.

_____. A interpretação dos contos de fada. São Paulo: Paulus, 1999.

Vonnegut, Kurt. O espião americano. Rio de Janeiro: Artenova, 1971.

Wallace, David Foster. Isto é água. In: _____. *Ficando longe do fato de já estar meio que longe de tudo.* Seleção e prefácio de Daniel Galera. São Paulo: Companhia das Letras, 2012.

Ward, Jane. *The Tragedy of Heterosexuality.* Nova York: New York University Press, 2020.

Watkins, Mary. *Mutual Accompaniment and the Creation of the Commons.* New Haven: Yale University Press, 2019.

West, Lindy. *The Witches Are Coming.* Nova York: Hachette Books, 2019.

Willingham, Emily. *Phallacy: Life Lessons from the Animal Penis.* Nova York: Penguin Publishing Group, 2020.

Wolraich, Mark L.; Wilson, David B.; White, J. Wade. The Effect of Sugar on Behavior or Cognition in Children. A Meta-Analysis. *Journal of the American Medical Association*, v. 274, n. 20, 1995, 1617-1621.

Women's Media Center. *Divided 2019: The Media Gender Gap.* 31 jan. 2019. Disponível em: http://womensmediacenter.com/reports/divided-2019-the-media-gender-gap.

Zoja, Luigi. *O pai: história e psicologia de uma espécie em extinção.* São Paulo: Axis Mundi, 2005.

Zuckerberg, Donna. *Not All Dead White Men: Classics and Misogyny in the Digital Age.* Cambridge: Harvard University Press, 2018.

NOTAS

INTRODUÇÃO

1. Coontz, Stephanie. *The Way We Never Were: American Families and the Nostalgia Trap*. Nova York: Basic Books, 2016.
2. hooks, bell. *Feminism Is for Everybody: Passionate Politics*. Londres: Pluto Press, 2000.
3. Adichie, Chimamanda Ngozi. *We Should All Be Feminists*. Nova York: Knopf Doubleday Publishing Group, 2014.
4. hooks, bell. *Feminist Theory: From Margin to Center*. Abingdon: Taylor & Francis, 2014.
5. Eu sou um homem cisgênero. Prefiro não me identificar como gay ou hétero, pois acredito que as pessoas amam as pessoas, não os rótulos. Durante a maior parte da minha vida adulta usei a palavra *queer*, porque não é categórica e, portanto, mais inclusiva, mas estou em um relacionamento heterossexual de longo prazo com uma mulher (Amanda) há quase uma década. Eu nasci em uma família judaica – digo judaico em vez de judeu porque considero o judaísmo uma religião e uma cultura, em vez de uma categoria biológica ou genética. Ainda assim, a maioria das pessoas me consideraria um "judeu". Claro, há uma dúvida sobre se "judeus" são "brancos", então é complicado para mim me identificar como um homem

branco. No entanto, minha pele é pálida e eu me beneficio dos privilégios de branco, homem, cisgênero e heterossexual.

6. Shapiro, Jordan. Pulling Pork: Intimacy, Commitment, and Outdoor Cooking. *The Good Men Project*. 19 jul. 2013. Disponível em: http://goodmenproject.com/featured-content/pulling-pork-intimacy-commitment-and-outdoor-cooking/. Acessado em: 15 set. 2021.

7. Este exemplo é emprestado de Myers, Kyl. *Raising Them: Our Adventure in Gender Creative Parenting*. Amazon Publishing, 2020.

8. hooks, bell. *The Will to Change: Men, Masculinity, and Love*. Nova York: Atria Books, 2004.

9. Adichie, Chimamanda Ngozi. *Dear Ijeawele, or A Feminist Manifesto in Fifteen Suggestions*. Nova York: Knopf Doubleday, 2017.

PARTE UM

1. Vonnegut, Kurt. *Mother Night*. Nova York: Dial Press, 2009.

2. Jung, Carl G. *Psychological Types*, v. 6. Princeton: Princeton University Press, 1971. (Parágrafo 803)

3. Jung, Carl G. *Two Essays on Analytical Psychology*. Princeton: Princeton University Press, 1977. (Parágrafo 305)

4. Green, Elliot. What are the most-cited publications in the social sciences (according to Google Scholar)? 12 mai. 2016. *blogs.lse.ac.uk* Disponível em: http://blogs.lse.ac.uk/impactofsocialsciences/2016/05/12/what-are-the-most-cited-publications-in-the-social-sciences-according-to-google-scholar/. Acessado em: 15 set. 2021.

5. Goffman, Erving; Lement, Charles; Branaman, Ann. *The Goffman Reader*. Malden: Blackwell, 1997.

6. Apesar de não ser uma citação direta, emprestei esse fraseado de "causa e efeito" de Anthony Elliot, *Concepts of the Self*. Malden: Polity, 2014.

7. Ver o documentário de 2020 da Taylor Swift na Netflix: *Taylor Swift: Miss Americana*, em que ela diz: "você se torna a pessoa que eles querem que você seja".

8. Raeburn, Paul. *Do Fathers Matter? What Science Tells Us About the Parent We've Overlooked*. Nova York: Scientific American/Farrar, Straus and Giroux, 2014.

9. Machin, Anna. How Men's Bodies Change When They Become Fathers. *New York Times: Parenting*, 13 jun. 2019. Disponível em: http://parenting.nytimes.com/health/fatherhood-mens-bodies?mcid=NYT&mc=EInternal&subid=Parenting&type=content. Acessado em: 15 set. 2021.

10. Raeburn. *Do Fathers Matter?*

11. Newman, Lucile. The Couvade: A Reply to Kupferer. *American Anthropologist*, v. 68, n. 1, 1966, new series, 153-156.

12. Newman, Barbara; Newman, Leslie. Some Birth Customs in East Anglia. *Folklore*, v. 50, n. 2, 1939, 176-187.

13. Frazer, James George. *Totemism and Exogamy*. Nova York: Cosimo Classics, 2010.

14. Tasker, Fiona. Same-Sex Parenting and Child Development: Reviewing the Contribution of Parental Gender. *Journal of Marriage and Family*, v. 72, n. 1, fev. 2010, 35-40.

15. Adams, Jimi; Light, Ryan. Scientific Consensus, the Law, and Same Sex Parenting Outcomes. *Social Science Research*, v. 53, set. 2015, 300-310.

16. hooks, bell. *Feminism Is for Everybody: Passionate Politics*. Londres: Pluto Press, 2000.

17. Manne, Kate. *Entitled: How Male Privilege Hurts Women*. Nova York: Crown, 2020.

18. The Benefits of Babywearing, Learning Different Carries, and More. *Attachment Parenting International*. Disponível em: http://attachmentparenting.org/parenting topics/infants-toddlers/babywearingtouch. Acessado em: 15 set. 2021.

19. Sears, Martha; Sears, William. *The Attachment Parenting Book: A Commonsense Guide to Understanding and Nurturing Your Baby*. Nova York: Little, Brown, 2001. Capítulo 6, "Babywearing".

20. Todas as estatísticas desse parágrafo vieram de: Livingston, Gretchen; Parker, Kim. 8 Facts about American Dads. 12 jun. 2019. *Pew Research Center*. Disponível em: http://pewresearch.org/fact-tank/2019/06/12/fathers-day-facts/. Acessado em: 15 set. 2021.

21. *Ibid.*

22. Harmon, Amy. 'They' Is the Word of the Year, Merriam-Webster Says, Noting Its Singular Rise. *New York Times*, 10 dez. 2019. Disponível em: http://nytimes.com/2019/12/10/us/merriam-webster-they-word-year.html. Acessado em: 15 set. 2021.

23. Ver Introduction: They Let You Do It. In: West, Lindy. *The Witches Are Coming*. Nova York: Hachette, 2019.

24. Escrevo sobre essa resistência a mudanças familiares em detalhes em *The New Childhood*. Part Two: Home. In: Shapiro, Jordan. *The New Childhood: Raising Kids to Thrive in a Connected World*. Nova York: Little, Brown, 2018.

25. Certamente, existem muitos exemplos históricos e pré-históricos de papéis sociais sendo distribuídos de acordo com o gênero, mas esse em particular teria parecido absurdo para humanos pré-modernos. Como explica a historiadora Stephanie Coontz, a década de 1950 foi a primeira vez que "a maioria dos casamentos na Europa Ocidental e na América do Norte consistia em uma dona de casa em tempo integral sustentada por um homem que provia". A metade do século xx é a única época na história em que a maioria das famílias poderia "realmente viver dos ganhos de um único provedor". In: Coontz, Stephanie. *Marriage, a History: How Love Conquered Marriage*. Nova York: Penguin Publishing Group, 2006.

26. Kimmel, Michael. Masculinity as Homophobia: Fear, Shame, and Silence in the Construction of Gender Identity. In: M. M. Gergen and S. N. Davis (eds.). *Toward a New Psychology of Gender*. Abingdon: Taylor & Francis,

1997, 223-242. Brod, Harry; Kimmel, Michael. *Theorizing Masculinities.* Newbury Park: Sage, 1994. 119-141.

27. Coontz, Stephanie. *The Way We Never Were: American Families and the Nostalgia Trap.* Nova York: Basic Books, 2016.

28. Salam, Maya. What Is Toxic Masculinity? *New York Times*, 22 jan. 2019. Disponível em: http://nytimes.com/2019/01/22/us/toxic-masculinity.html. Acessado em: 15 set. 2021.

29. American Psychological Association, Boys and Men Guidelines Group. *APA Guidelines for Psychological Practice with Boys and Men.* 2018. Disponível em: http://apa.org/about/policy/psychological-practice-boys-men-guidelines.pdf. Acessado em: 15 set. 2021.

30. "Claro, é incrivelmente ingênuo pensar que a terapia por si só seria suficiente para corrigir as forças sistêmicas maiores por trás de um problema como a masculinidade tóxica", escreveu o jornalista Barrett Swanson, na Harper's Magazine, depois de passar o fim de semana envolvido em "aventuras para confirmar a masculinidade" num alojamento ecológico de luxo em Ohio. Ver Swanson, Barrett. Men at Work: Is There a Masculine Cure for Toxic Masculinity? *Harper's Magazine*, nov. 2019, 22-33.

31. Hartocollis, Peter. Origins and Evolution of the Oedipus Complex as Conceptualized by Freud. *Psychoanalytic Review*, v. 92, n. 3, 315-334.

32. Larson, Stephen; Larson, Robin. *Joseph Campbell: A Fire in the Mind. The Authorized Biography.* Rochester: Inner Traditions, 2002.

33. *Joseph Campbell and the Power of Myth.* Public Square Media, Inc., 1988. Disponível em: http://billmoyers.com/series/joseph-campbell-and-the-power-of-myth-1988/. Acessado em: 15 set. 2021.

34. Campbell usa o termo *Mytagogue* nesta seção, um termo que originalmente se referia a pessoas que iniciavam candidatos nos antigos mistérios eleusinos.

35. Ênfase dele, não minha.

36. Headley, Maria Dahvana. *Beowulf: A New Translation.* Nova York: Farrar, Straus and Giroux, 2020.

37. Vernant, Jean-Pierre. *The Universe, the Gods, and Men: Ancient Greek Myths*. Trad. Linda Asher. Nova York: Perennial, 2002.

38. Black, Michael Ian. *A Better Man: A (Mostly Serious) Letter to My Son*. Chapel Hill: Algonquin Books, 2020.

39. "É surpreendente perceber que a Oração do Senhor, que professores cristãos (e até estudiosos) afirmam ser única, deriva do Qaddish." Ver Chilton, Bruce. *Rabbi Jesus*. Nova York: Bantam, 2000.

40. Gutmann, Matthew. *Are Men Animals? How Modern Masculinty Sells Men Short*. Nova York: Basic Books, 2019.

41. É claro que essa estrutura também desempenha um papel crucial ao possibilitar o bem-estar psicológico (e os direitos humanos) de indivíduos que não se encaixam no binarismo de gênero e sofreram por causa das categorias binárias tradicionais de homem/mulher.

42. Fausto-Sterling, Anne. *Sex/Gender: Biology in a Social World*. Londres: Routledge, 2012.

43. Sax, Leonard. How Common Is Intersex? A Response to Anne Fausto-Sterling. *Journal of Sex Research*, v. 39, n. 3, ago. 2002, 174-178.

44. Essa explicação do porquê o sexo é um espectro apareceu em muitos tópicos do Twitter, é difícil até saber quem compôs o primeiro. Por exemplo: twitter.com/ScienceVet2/status/1035246030500061184?s=20 e twitter.com/RebeccaRHelm/status/1207834357639139328?s=20. Depois de fazer uma pesquisa rigorosa para confirmar os fatos, decidi que a estrutura retórica original encontrada no Twitter funcionava melhor. Eu parafraseei, reformulei, combinei vários tópicos, fiz algumas adições e subtrações. Mas não mereço todo o crédito pela construção retórica desse argumento.

45. É assim mesmo que o SRY deve se comportar? Note que esse fraseamento descuidado presume uma versão "normal" da biologia sexual.

46. SRY gene, sex determining region Y. *Medline Plus*, n.d. Disponível em: http://ghr.nlm.nih.gov/gene/SRY#conditions. Acessado em: 04 fev. 2020.

47. "O estradiol nos homens é essencial para modular a libido, a função erétil e a espermatogênese. Os receptores de estrogênio, assim como a aromatase, a enzima que converte a testosterona em estrogênio, são abundantes no cérebro, pênis e testículos, órgãos importantes para a função sexual. No cérebro, a síntese de estradiol é aumentada em áreas relacionadas à excitação sexual. Além disso, no pênis, os receptores de estrogênio são encontrados em todo o corpo cavernoso com alta concentração ao redor dos feixes neurovasculares." Shulster, Michael; Bernie, Aaron M.; Ramasamy, Ranjith. The Role of Estradiol in Male Reproductive Function. *Asian Journal of Andrology*, v. 18, n. 3, mai./jun. 2016, 434-440.

48. Jordan-Young, Rebecca M.; Karkazis, Katrina. *Testosterone: An Unauthorized Biography*. Cambridge: Harvard University Press, 2019.

49. Fine, Cordelia. *Testosterone rex: Unmaking the Myths of Our Gendered Minds*. Londres: Icon, 2018.

50. Não é minha intenção excluir pais adotivos aqui. Estou apenas referenciando minhas próprias circunstâncias e não implicando que essa é uma característica definidora da paternidade.

51. Moore, Robert; Gillette, Douglas. *King, Warrior, Magician, Lover*. San Francisco: Harper, 1990.

52. Peterson, Jordan B. *12 Rules for Life: An Antidote to Chaos*. Toronto: Penguin Random House, 2018.

53. Barthes, Roland. *Mythologies*. Nova York: Hill and Wang, 1972. Prefácio, p. 10.

54. *Ibid.*

55. Créditos para Lori Gottlieb, autora de *Maybe You Should Talk to Someone* (publicado no Brasil com o título *Talvez você deva conversar com alguém*), pelo trecho com a expressão "narrador não confiável".

PARTE DOIS

1. Iris Smyles é autora a quem me refiro aqui. Seus livros são ótimos. Eu os recomendo.

2. De acordo com a mitologia, Hera trouxe Hefesto à existência sem ajuda de Zeus. O deus aleijado da forja é mais bem descrito como afilhado de Zeus.

3. *Iliad*. Cambridge: Hackett Publishing, 1997. Livro 18, versos 504-559.

4. Hillman, James. *Re-Visioning Psychology*. Nova York: HarperCollins, 1992.

5. Hanh, Thich Nhat. *The Heart of the Buddha's Teaching: Transforming Suffering Into Peace, Joy, and Liberation*. Nova York: Potter/Ten Speed/Harmony/Rodale, 2015.

6. Hillman, James. *Re-Visioning Psychology*. Nova York: HarperCollins, 1992.

7. Adams, Michael Vannoy. *The Mythological Unconscious*. Londres: Karnac Books, 2001.

8. "Olhe para a palavra Responsabilidade – 'Responsa-Habilidade' – a habilidade de escolher a sua resposta." Covey, Stephen R. *The 7 Habits of Highly Effective People*. Miami: Mango Media, 2015.

9. Deacon Jones, defensor pertencente ao Hall da Fama, disse: "Dick era um animal. Eu o chamava de maníaco. Um maníaco de pedra. Ele era um animal bem treinado, e toda vez que ele te acertava, ele tentava te mandar pro cemitério, não pro hospital". Disponível em: http://nbcsports.com/chicago/chicago-bears/bears-classics-dick-butkus-profiles-standard-mlb-greatness. Acessado em: 15 set. 2021.

10. Willingham, Emily. *Phallacy: Life Lessons from the Animal Penis*. Nova York: Penguin Publishing Group, 2020.

11. Talvez até mais do que "tudo abaixo do sol", mas isso foi no tempo em que o heliocentrismo ainda não era aceito como fato.

12. Na verdade, isso é exatamente o que aconteceu até que a teoria da relatividade de Einstein substituiu a descrição da gravidade de Newton. A teoria de Einstein mudou nossa compreensão da gravidade. Passou de uma força atrativa simples, mecânica, à curva de espaço e tempo em torno de um objeto. Agora, os físicos reconhecem que os buracos negros desafiam a autoridade da teoria de Einstein. Ver Deaton, Jeremy. Einstein Showed Newton Was Wrong about Gravity. Now Scientists Are Coming for Einstein. *NBC News*, 3 ago. 2019. Disponível em: http://nbcnews.com/mach/science/einstein-showed-newton-was-wrong-about-gravity-now-scientists-are-ncna1038671. Acessado em: 15 set. 2021.

13. Orlinsky, Harry M. *The Torah: The Five Books of Moses*. Filadélfia: Jewish Publication Society of America, 1967.

14. Ver John Stuart Mill e Harry Frankfurt para outras opiniões influentes sobre "autonomia". Mill abre espaço para desejos e instintos corporais – desde que a pessoa esteja dirigindo suas próprias ações. Frankfurt apresenta uma visão hierárquica da autonomia com os desejos de primeira ordem sendo reflexivamente endossados pelos desejos de segunda ordem.

15. Franz, Marie-Luise von. *The Interpretation of Fairy Tales*. Boulder: Shambhala, 1996.

16. Engels, Friedrich. *The Origin of the Family, Private Property and the State*. Londres: Penguin Books Limited, 2010.

17. Grimm, Jacob; Grimm, Wilhelm. *Fairy Tales: The Complete Original Collection with Over 200 Stories*. Sudbury: Ebookit.com, 2013.

18. Franz. *The Interpretation of Fairy Tales*.

19. *Ibid*.

20. Ver Einstein's Brain. In: Barthes, Roland. *Mythologies*. Nova York: Hill and Wang, 1972.

21. Kuhn, Thomas S. *The Structure of Scientific Revolutions*. Chicago: University of Chicago Press, 1962.

22. Manne, Kate. *Down Girl: The Logic of Misogyny.* Nova York: Oxford University Press, 2019.

23. Franz. *The Interpretation of Fairy Tales.*

24. Pew Research Center. *Marriage and Cohabitation in the U.S,* nov. 2019.

25. Coontz, Stephanie. *Marriage, a History: How Love Conquered Marriage.* Nova York: Penguin Publishing Group, 2006.

26. Abramson, Kate. Turning Up the Lights on Gaslighting. *Philosophical Perspectives,* v. 28, n. 1, dez. 2014, 1-30.

27. Manne. *Down Girl.*

28. Stark, Cynthia A. Gaslighting, Misogyny, and Psychological Oppression. *The Monist,* v. 102, n. 2, 2019, 221-235.

29. Descartes, René. *Discourse on Method: Of Rightly Conducting One's Reason and of Seeking Truth in the Sciences.* Auckland: Floating Press, 1924.

30. Thomas Carlyle expôs essa visão em seu livro de 1841, *On Heroes, Hero Worship and the Heroic in History* (em tradução literal, "Sobre heróis, adoração ao herói e o heroico na História"). "A História Universal, a história do que o homem realizou neste mundo, é no fundo a História dos Grandes Homens que aqui trabalharam. Eles eram os líderes dos homens, esses grandes; os modeladores, padrões e, em um sentido amplo, os criadores de tudo o que a massa geral de homens planejou fazer ou alcançar; todas as coisas que vemos sendo realizadas no mundo são propriamente o resultado material externo, a realização prática e incorporação de pensamentos que habitaram nos Grandes Homens enviados ao mundo: a alma da história do mundo inteiro, pode-se considerar com justiça, foi a história deles." Ver Carroll, Noël; Carlyle, Thomas. *Cambridge Dictionary of Philosophy,* editado por Robert Audi, 2.ed. Cambridge University Press, 1999, 118. A visão de Carlyle da história foi contestada, e em sua maior parte rejeitada, pelos historiadores. Mas eu diria que a maioria de nós continua, inconscientemente, a acreditar nela.

31. Cervantes, Miguel de. *Don Quixote.* Nova York: HarperCollins, 2003.

32. Isaacson, Walter. *Steve Jobs*. Nova York: Simon & Schuster, 2011.

33. Estou parafraseando Roland Barthes aqui. Na verdade, estou misturando de forma descuidada duas frases que citei na primeira parte: "Como sempre foi".

34. brown, adrienne maree. *Emergent Strategy: Shaping Change, Changing Worlds*. Chico: AK Press, 2017.

35. Curiosamente, o termo "síndrome do impostor" veio de um estudo com mulheres universitárias e docentes que "se sentiam internamente fraudulentas e estressadas com suas habilidades, apesar dos altos níveis de realização". Dancy, T. Elon. Impostor Syndrome. *The Sage Encyclopedia of Psychology and Gender*. Ed. Kevin L. Nadal. Thousand Oaks: Sage Publications, Inc., 2017, 934-935.

36. Hanh, Thich Nhat. *The Heart of the Buddha's Teaching: Transforming Suffering Into Peace, Joy, and Liberation*. Nova York: Potter/Ten Speed/Harmony/Rodale, 2015.

PARTE TRÊS

1. Klasco, Richard. Is There Such a Thing as a 'Sugar High'? *New York Times*, fev. 25, 2020. Disponível em: http://nytimes.com/2020/02/21/well/eat/is-there-such-a-thing-as-a-sugar-high.html. Acessado em: 15 set. 2021.

2. Carroll, Abigail. *Three Squares: The Invention of the American Meal*. Nova York: Basic Books, 2013.

3. Wolraich, Mark L.; Wilson, David B.; White, J. Wade. The Effect of Sugar on Behavior or Cognition in Children. A Meta-Analysis. *Journal of the American Medical Association*, v. 274, n. 20, 1995, 1617-1621.

4 Aristóteles. *Aristotle in 23 Volumes*, v. 19, traduzido por H. Rackham. Cambridge: Harvard University Press; Londres: William Heinemann Ltd., 1934.

5. No Simpósio de Platão, Sócrates diz: "A única coisa que digo que entendo é a arte do amor". É um jogo de palavras, enfatizando a semelhança entre o

substantivo *erôs* ("amar") e o verbo *erôtan* ("fazer perguntas"). Ele também está sugerindo a ideia de que *eros* tende a envolver sondagem e descoberta.

6. Devlin, Rachel. *Relative Intimacy: Fathers, Adolescent Daughters, and Postwar American Culture*. Chapel Hill: University of North Carolina Press, 2005.

7. Varbanova, Vladimira; D. Hogan, John. Deutsch, Helene. In: Robert W. Rieber R. (Ed.). *Encyclopedia of the History of Psychological Theories*. Nova York: Springer, 2012.

8. Devlin. *Relative Intimacy*.

9. Massoni, Kelley. 'Teena Goes to Market': Seventeen Magazine and the Early Construction of the Teen Girl (As) Consumer. *The Journal of American Culture*, v. 29, n. 1, 31-42.

10. *Ibid*.

11. Massoni, Kelley. *Fashioning Teenagers: A Cultural History of Seventeen Magazine*. Walnut Creek: Left Coast Press, 2010.

12. Embora o *eros* entre pai e a filha não devesse ser incestuoso, muitos relatos de casos sugerem que alguns médicos na época consideravam o encontro sexual consumado entre um pai e sua filha como menos preocupante, menos provável de estragar um Estágio Edipiano 2.0 saudável do que nenhum relacionamento. Ver Devlin, Rachel. *Relative Intimacy: Fathers, Adolescent Daughters e Postwar American Culture*. Chapel Hill: University of North Carolina Press, 2005.

13. Veja a discussão de Rachel Devlin sobre *O pai da noiva* de Edward Streeter, publicado em 1948, e a adaptação para o cinema de 1950: "Remontando pelo menos ao século xviii, o ritual do pai levando a noiva para encontrar o noivo era, em 1948, bem estabelecido. No entanto, a atenção singular às várias responsabilidades e aos dilemas emocionais do pai associados à própria cerimônia representou um novo ponto de interesse no casamento, que surgiu praticamente da noite para o dia com a publicação do livro de Streeter". Ver Devlin. *Relative Intimacy*.

14. Ruhl, Sarah. *Eurydice*. Nova York: Samuel French, 2008.

15. Lang, Gregory E.; Lankford-Moran, Janet (ilustrador). *Why a Daughter Needs a Dad* (edição miniatura). Nova York: Sourcebooks, 2011.

16. Homero. *The Odyssey*. Nova York: W. W. Norton, 2017.

17. Ver Johnson, Eric Michael. Raising Darwin's Consciousness: An Interview with Sarah Blaffer Hrdy on Mother Nature. *Scientific American*, 16 mar. 2012. Disponível em: http://blogs.scientificamerican.com/primate-diaries/raising-darwins-consciousness-an-interview-with-sarah-blaffer-hrdy-on-mother-nature/. Acessado em: 15 set. 2021.

18. Adichie, Chimamanda Ngozi. *Dear Ijeawele, or A Feminist Manifesto in Fifteen Suggestions*. Nova York: Knopf Doubleday Publishing Group, 2017.

19. Blum-Ross, Alicia; Livingstone, Sonia. *Parenting for a Digital Future: How Hopes and Fears about Technology Shape Children's Lives*. Nova York: Oxford University Press, 2020.

20. Beck, Ulrich. Democratization of the Family. *Childhood*, v. 4, n. 2, 1997, 151-168.

21. Callard, Agnes. Acceptance Parenting. *The Point*, 2 out. 2020. Disponível em: http://thepointmag.com/examined-life/acceptance-parenting/. Acessado em: 15 set. 2021.

22. Beck, Ulrich. Democratization of the Family. *Childhood*, v. 4, n. 2, 1997, 151-168.

23. Peguei emprestada a privação simbólica da linguagem e a indulgência simbólica de Allison Pugh, que as usa para descrever como o status socioeconômico impacta as práticas de educação infantil. Ver Pugh, Allison. *Longing and Belonging: Parents, Children, and Consumer Culture*. Berkeley: University of California Press, 2009.

24. *UBS*. Own Your Worth. 2018. Disponível em: http://ubs.com/content/dam/WealthManagementAmericas/documents/2018-37666-UBS-Own-Your-Worth-reportR32.pdf. Acessado em: 15 set. 2021.

25. Bernard, Tara Siegel. When She Earns More: As Roles Shift, Old Ideas on Who Pays the Bills Persist. *New York Times*, 6 jul. 2018. Disponível em: http://nytimes.com/2018/07/06/your-money/marriage-men-women-finances.html. Acessado em: 15 set. 2021.

26. Batson, C. Daniel et al. Empathic Joy and the Empathy-Altruism Hypothesis. *Journal of Personality and Social Psychology*, v. 61, n. 3, 1991, 413-426.

27. Veja meu livro anterior, *The New Childhood: Raising Kids to Thrive in a Connected World*, para uma discussão mais compreensiva sobre os problemas com "empatia".

28. Sharrow, Elizabeth A. et al. The First-Daughter Effect: The Impact of Fathering Daughters on Men's Preferences for Gender-Equality Policies. *Public Opinion Quarterly*, v. 82, n. 3, Fall 2018, 493-523.

29. Glynn, Adam; Sen, Maya. Identifying Judicial Empathy: Does Having Daughters Cause Judges to Rule for Women's Issues? *American Journal of Political Science*, v. 59, n. 1, 37-54.

30. Sharrow et al. *The First-Daughter Effect*.

31. Myers, Kyl. *Raising Them: Our Adventure in Gender Creative Parenting*. Amazon Publishing, 2020.

32. Manne, Kate. *Down Girl: The Logic of Misogyny*. Oxford: Oxford University Press, 2018.

33. Durante seu processo de confirmação, o então indicado à Suprema Corte dos Estados Unidos, Brett Kavanaugh, relatou aos membros do Comitê Judiciário do Senado como treinava os times de basquete de suas filhas. Em sua declaração de abertura, ele disse: "Eu amo treinar mais do que qualquer coisa que já fiz na minha vida. Mas graças ao que alguns de vocês deste lado do comitê desencadearam, talvez eu nunca mais seja capaz de treinar novamente". Disponível em: http://usatoday.com/story/sports/columnist/erik-brady/2018/09/28/brett-wwwright-he-can-no-longer-coach-girls-basketball/1459496002/. Acessado em: 15 set. 2021.

34. Como explica Kate Manne: "Não é óbvio que Trump tenha crenças especialmente sexistas sobre a (in) capacidade das mulheres de competir

com ele nos negócios e na política em seu próprio nível (tal como é). Por um lado, Trump emprega mulheres em posições de alto poder em suas empresas, o que sugere que ele não subestima (todas) as mulheres – pelo contrário, ele precisa controlá-las e evitar o risco de ser superado por elas". Manne, Kate. *Down Girl: The Logic of Misogyny.* Oxford: Oxford University Press, 2018.

35. Pew Research Center. *As Millennials Near 40, They're Approaching Family Life Differently Than Previous Generations.* maio 2020.

36. Lockman, Darcy. *All the Rage: Mothers, Fathers, and the Myth of Equal Partnership.* Nova York: Harper, 2019.

37. Minha amiga e colega Anya Kamenetz uma vez sugeriu habilmente que a maioria das diferenças entre nossos respectivos livros sobre filhos e tempo de tela faz sentido se tais diferenças forem vistas pela lente de papéis de gênero: ela oferece às mães uma maneira de planejar para conseguir mais equilíbrio, enquanto eu sugiro a perspectiva de um pai, de que todos deveriam jogar mais videogame com seus filhos. Ver Kamenetz, Anya. *The Art of Screen Time: How Your Family Can Balance Digital Media and Real Life.* Nova York: Public Affairs, 2018.

38. Shapiro, Jordan. Pulling Pork: Intimacy, Commitment, and Outdoor Cooking. *The Good Men Project.* 10 jul., 2013. Disponível em: http://goodmenproject.com/ featured-content/pulling-pork-intimacy-commitment-and-outdoorcooking/. Acessado em: 15 set. 2021.

39. Para um relato fantástico da construção da "heterossexualidade" e das relações de sexo oposto baseadas na mitologia do "afeto mútuo", ver Ward, Jane. *The Tragedy of Heterosexuality.* Nova York: New York University Press, 2020.

40. Valdes, Francisco. Unpacking Hetero-Patriarchy: Tracing the Conflation of Sex, Gender & Sexual Orientation to Its Origins. *Yale Journal of Law & the Humanities*, v. 8, n. 1, Winter 1996, 161-212.

41. Joel, Daphna; Vikhanski, Luba. *Gender Mosaic: Beyond the Myth of the Male and Female Brain.* Nova York: Little, Brown Spark, 2019.

42. Myers, Kyl. *Raising Them: Our Adventure in Gender Creative Parenting*. Amazon Publishing, 2020.

43. Neumann, Erich. *The Great Mother: An Analysis of the Archetype*. Princeton: Princeton University Press, 2015.

44. Hanly, Patrick; Alpers, Anthony. *Maori Myths & Tribal Legends*. Londres: J. Murray, 1964.

45. "Durante o desenvolvimento de Moana, a deusa vulcânica Te Ka ('Flamejando', 'Queimando') foi originalmente chamada de Te Po ('Noite', 'Escuridão') em referência a Hine-nui-te-po." Ver Perris, Simon. What Does HineNui-Te-Po Look Like? A Case Study of Oral Tradition, Myth, and Literature in Aotearoa New Zealand. *Journal of the Polynesian Society*, v. 127, n. 4, 2018, 365-388.

46. Paglia, Camille. *Sexual Personae*. New Haven: Yale University Press, 1990.

47. Irigaray, Luce. *Speculum of the Other Woman*. Ithaca: Cornell University Press, 1985.

48. Gray, John. *Men Are from Mars, Women Are from Venus: The Classic Guide to Understanding the Opposite Sex*. Nova York: Harper, 2012.

PARTE QUATRO

1. Martin Heidegger escreveu: "Aquilo que estabelece limites, aquilo que completa, neste sentido, é chamado em grego *telos*, que é frequentemente traduzido como 'objetivo' ou 'propósito', e assim mal interpretado". Lovitt, William; Heidegger, Martin. *The Question Concerning Technology, and Other Essays*. Nova York: HarperCollins, 1977.

2. "Há dois peixes jovens nadando e, por acaso, eles encontram um peixe mais velho nadando do outro lado, que acena para eles e diz: 'Bom dia, meninos. Como está a água?'. E os dois peixes jovens nadam um pouco e, então, eventualmente, um deles olha para o outro e diz: 'Que diabos é a água?'." Wallace, David Foster. *This Is Water: Some Thoughts, Delivered on a Significant Occasion, about Living a Compassionate Life*. Nova York: Little, Brown, 2009.

3. Campbell, Joseph. *The Hero with a Thousand Faces*. Novato: New World Library, 2008.

4. Freire, Paulo. *Pedagogy of the Oppressed: 50th Anniversary Edition*. Nova York: Bloomsbury Publishing, 2018.

5. *Ibid.*

6. Freire, Paulo. *Education for Critical Consciousness*. Nova York: Continuum, 1973.

7. Shulman, Helene; Watkins, Mary. *Toward Psychologies of Liberation*. Londres: Palgrave Macmillan UK, 2008.

8. hooks, bell. *The Will to Change: Men, Masculinity, and Love*. Nova York: Atria Books, 2004.

9. Kimmel, Michael. Masculinity as Homophobia: Fear, Shame, and Silence in the Construction of Gender Identity. In: Harry W. Brod and Michael Kaufman (Eds.). *Research on Men and Masculinities Series: Theorizing Masculinities*. Thousand Oaks: Sage Publications, Inc., 119-141.

10. Estou parafraseando Roland Barthes aqui... novamente, misturando sem cuidado as duas frases que citei na primeira parte: "Como sempre foi".

11. O psicólogo e best-seller Leonard Sax escreve que a "desvalorização e desintegração do ideal masculino" é um dos cinco principais fatores que prejudicam os meninos na cultura de hoje. AFF!!! Para piorar a situação, ele nomeia o capítulo em que o descreve como "A vingança dos deuses abandonados". Ele parece estar sugerindo que mudar nossa compreensão da masculinidade é uma violação da ordem natural, antiga e primordial das coisas entregue a nós por Deus. É um exemplo claro e chocante de essencialismo de gênero placa de banheiro. Ver Sax, Leonard. *Boys Adrift: The Five Factors Driving the Growing Epidemic of Unmotivated Boys and Underachieving Young Men*. Nova York: Basic Books, 2016.

12. Nancy, Jean-Luc et al. *Listening*. Nova York: Fordham University Press, 2007.

13. NPR. Dad's YouTube Channel Advises How to Change a Flat, Other Life Skills. 18 jun. 2020. Disponível em: http://npr.org/2020/06/18/879892191/

dads-youtube-channel-advises-how-to-change-a-flat-other-life-skills. Acessado em: 15 set. 2021.

14. O antropólogo Claude Lévi-Strauss descreve *bricoleur* (*gambiarra*, na língua portuguesa) desta forma: "O seu universo de instrumentos é fechado e as regras do seu jogo consistem sempre em 'tudo o que está à mão', isto é, com um conjunto de ferramentas e materiais que é sempre finito e também heterogêneo porque o que ele contém não guarda relação com o projeto atual, ou mesmo com qualquer projeto em particular". Lévi-Strauss está falando sobre pensamento mitológico. Ele está descrevendo a forma como narrativas e identidades são construídas combinando ideias disponíveis e reaproveitando-as em uma forma de *patchwork*, conforme necessário. Ele coloca o bricoleur em contraste com o engenheiro, que tenta construir uma narrativa holística abrangente. Assim, ele enquadra o bricoleur como a "mente selvagem" e o engenheiro, como ciência ocidental. O filósofo Jacques Derrida critica a distinção de Lévi-Strauss: "A probabilidade é de que o engenheiro seja um mito produzido pelo bricoleur". Simplificando, Derrida está argumentando que a distinção entre sistemas fluidos, lúdicos e improvisados e aqueles que parecem fixos, estáveis e imutáveis "se decompõe" assim que reconhecemos que todas as estruturas estão em algum ponto intermediário, ou que a estabilidade percebida é apenas outro elemento no cinto de ferramentas do bricoleur. Lévi-Strauss, Claude. *The Savage Mind*. Chicago: University of Chicago Press, 1966. Derrida, Jacques. *Writing and Difference*. Chicago: University of Chicago Press, 2017.

15. Freire, Paulo et al. *Education for Critical Consciousness*. Nova York: Continuum, 1973.

16. Algumas pessoas usam o termo *broderagem* simplesmente para descrever os eufemismos bros que permeiam a "cultura bro". Eu uso o *broismo* de uma forma mais gramaticalmente formal, adicionando o sufixo -*ismo* para transformar o substantivo *bro* em uma ação (como em *heroísmo* e *canibalismo*), enquanto também reconheço como a fala codificada e maneirismos transformam um jeito informal de expressar a solidariedade do grupo em um sistema ideológico ou religioso (como *judaísmo*, *liberalismo* ou *fundamentalismo*).

Família moderna (Modern Family) e Os Simpsons são marcas registradas de 20th Century Studios / Star Wars é uma marca registrada de Lucasfilm Ltd. / The Wall Street Journal é uma marca registrada de Dow Jones & Company, Inc. / Foi sem querer (Leave It to Beaver) é uma marca registrada de Universal Studios / A família Brady (The Brady Bunch), Happy Days e MacGyver são marcas registradas de CBS Media Ventures / Centro de Pesquisa Pew (Pew Research Center) e Pew Charitable Trusts são marcas registradas de The Pew Charitable Trusts / Post-it é uma marca registrada de 3M / Jif é uma marca registrada de The J.M. Smucker Company / Instagram é uma marca registrada de Facebook, Inc. / Budweiser é uma marca registrada de Ambev / Google e YouTube são marcas registradas de Google, LLC. / UnderArmour é uma marca registrada de UnderArmour, Inc. / The Office é uma marca registrada de NBCUniversal Media, LLC. / Silicon Valley é uma marca registrada de Home Box Office, Inc. / Target é uma marca registrada de Target Brands, Inc. / Walmart é uma marca registrada de Walmart, Inc. / Reading Terminal Market é uma marca registrada de Reading Terminal Market / Merriam-Webster é uma marca registrada de Merriam-Webster, Incorporated / Twitter é uma marca registrada de Twitter, Inc. / Apple, Macintosh e Siri são marcas registradas de Apple, Inc. / Alexa, Amazon e Amazon Prime Video são marcas registradas de Amazon.com, Inc. ou suas afiliadas / The New York Times é uma marca registrada de The New York Times Company / PBS é uma marca registrada de Public Broadcasting Service (PBS) / Wi-Fi é uma marca registrada de Wi-Fi Alliance / Disney, Divertida mente (Inside Out), Moana e Pixar são marcas registradas da Disney / NFL e Super Bowl são marcas registradas de NFL Enterprises LLC. / NHL é uma marca registrada de NHL Enterprises, L.P. / LEGO é uma marca registrada de The LEGO Group / Jornada nas estrelas, Jornada nas estrelas: a nova geração e Star Trek são marcas registradas de CBS Studios Inc. / Seventeen é uma marca registrada de Hearst Magazine Media, Inc. / Red Sox e Yankees são marcas registradas de MLB Advanced Media, LP. / LexisNexis é uma marca registrada de LexisNexis Risk Solutions Group / The Good Men Project é uma marca registrada de GoodMenProject.com / Zoom é uma marca registrada de Zoom Video Communications, Inc. / Netflix é uma marca registrada de Netflix, Inc. / Duralex é uma marca registrada de Nadir Figueiredo

Esta obra foi composta em Sabon LT,
Bebas Neue Pro e Vinyl OT e impressa em papel
Pólen Soft 70 g/m² pela Visão Gráfica.

Continue a conversa em
www.feministdadbook.com